Seu Livro no Kindle
Como Escrever e Publicar um Livro na Amazon

5ª EDIÇÃO

ELDES SAULLO

Seu Livro no Kindle
Como Escrever e Publicar um Livro na Amazon
Eldes Saullo

Revisão:
Simone Alves

Design da Capa:
Capas Que Vendem
livrosquevendem.com/capas

Saullo, Eldes,
Seu Livro no Kindle - Como Escrever e Publicar
um Livro na Amazon - 5ª Edição

Eldes Saullo – São Paulo – Casa do Escritor: 2016

ISBN 978-1519007964

1. Referência 2. Publicação e Livros 3. Autoria
I. Título

Dedico este livro a você, autor.

Sumário

Introdução

"Se és escritor, escreve como se tivesses
os dias contados, porque, na verdade, todos estão".
Henry Thoreau

Jorge Luis Borges nos apresentou ao *Aleph*, um ponto que
permitia conhecer toda a realidade e obter todo o
conhecimento em um único momento de contemplação.
Imagino que o *Aleph* seja possível com os avanços da
tecnologia e do livro digital. Assim deve ter sonhado Jeff
Bezos, CEO da Amazon, o maior varejista de livros do
mundo.

A ideia do *Aleph* digital surgiu com o acompanhamento das
mudanças no mercado editorial e no próprio livro,
publicado por editoras que ainda trabalham no modelo
secular de produzir e tentar vender o maior número de
cópias possível em cada edição, cada uma delas composta
de milhares de exemplares, dos quais alguns ou muitos
acabam encalhando e gerando prejuízos para elas próprias,
para os livreiros e para o Planeta.

No entanto, este não é um livro para discussões ou
elucubrações filosóficas ou tecnológicas e, sim, um guia

prático, com dicas e instruções passo a passo para escrever e publicar seu e-book na Amazon. Também vou apresentar algumas ferramentas de marketing disponíveis para promovê-lo e vender mais.

O objetivo deste livro é facilitar mais ainda o acesso de autores aos meios de publicação e canais de distribuição. E a Amazon é, disparada, o maior deles. Em 2015, a companhia americana anunciou que possuía 304 milhões de clientes ativos no mundo todo.

No primeiro capítulo, você vai descobrir que pode ser um escritor e que métodos pode utilizar para libertar o autor que existe em você, além de como se inspirar para trazer seu livro ao mundo. Vou revelar dicas práticas para escrever bons livros de ficção e de não ficção.

No segundo capítulo, trago dicas para você colocar um ponto final em seu livro. Terminar um livro pode ser muito mais difícil do que começar. Descubra como superar este desafio.

No terceiro capítulo, vai conhecer as dicas para criar um título vendedor. O título é considerado uma das principais estratégias de marketing de um livro. Em seguida, no quarto capítulo, vai saber mais sobre como criar uma capa arrasadora. Título e capa juntos são responsáveis por 90% de seus esforços de marketing, ou seja, suas vendas vão depender muito de uma excelente escolha de título e de uma capa profissional.

No capítulo cinco, vai aprender, através de passos detalhados, a diagramar e formatar os arquivos de conteúdo e capa do seu e-book antes da publicação. Logo em seguida, listo os passos simples para registrar os direitos autorais de seu livro.

No capítulo sete, você vai aprender como publicá-lo no KDP (*Kindle Direct Publishing*), o serviço de autopublicação de e-books da Amazon.

No capítulo oito, vai conhecer as ferramentas e meios para promover seu livro e a si mesmo como autor.

E no último capítulo, aprenderá sobre os relatórios de vendas de seus livros dentro do KDP.

Antes de começarmos, eu preciso te dar um conselho de ouro: escreva um bom conteúdo. Escrever um bom livro é a estratégia número 1 do marketing literário.

Portanto, chegou o tempo de ignorar os sistemas de seleção das editoras, lançar bons conteúdos no mercado, transmitir seus conhecimentos, contar belas histórias e mudar a vida de seus leitores para melhor.

Boa leitura, boa escrita e boas vendas!

Como Escrever um Livro?

"Somos todos escritores, só que alguns escrevem e outros não."
José Saramago

Assim como Saramago, acredito que todo ser humano é um escritor por natureza, pois cada indivíduo "é" um livro, tem uma ou várias histórias para contar, próprias ou que aprenderam ouvindo, lendo e vivendo.

Histórias pessoais, passagens da vida, conhecimentos profissionais, "causos" interessantes e muitas variações e versões do que chamamos de "estória", fictícia ou real.

Cada pessoa tem o poder de se transformar em um livro ou em uma série de livros, que o digam J. K. Rowling, Stephanie Meyer e Rick Riordan. Alguns podem argumentar "Ah, mas eu não sei escrever!" ou "Não tenho conhecimento suficiente". Desculpas esfarrapadas.

Para os que acham que não sabem escrever, existe revisão e coaching. Para os que acham que não conhecem um assunto a ponto de se aventurar a escrever sobre ele, existe pesquisa. Tanto revisão quanto pesquisa são auxílios fáceis de encontrar hoje em dia.

O mundo digital mudou e barateou a forma como produzimos, buscamos, pesquisamos, finalizamos e promovemos livros e muitos outros bens de consumo, culturais ou não. Coaching, desde que você consiga separar o joio do trigo, também não é uma ajuda muito difícil de conseguir.

Um coach não precisa, necessariamente, ser contratado, pago. Pode ser um amigo, um professor, um parente, enfim, qualquer pessoa que você tenha confiança na capacidade de percepção e aconselhamento. Se houver mais de um, então, ainda mais diversos serão os caminhos, muitas opções de diálogos se abrirão, mais ricos serão os resultados.

Para começar, vale lembrar uma frase de Clarice Lispector que, ao criar sobre a ideia de que os livros escolhem os leitores, disse que "não escolhemos os livros que escrevemos, mas, eles sim, nos escolhem." Você também já deve ter ouvido dizer que escrever é uma rotina e que escrever é reescrever.

Então, junte os quatro conselhos em um só: leia bastante, deixe que a inspiração te arrebate, escreva religiosamente e reescreva com a mesma fé. Mas lembre-se que, apesar da inspiração e talento serem primordiais, eles representam apenas 1% do processo.

Seu livro só tomará forma, ganhará as livrarias, será transformado em filme, traduzido e vendido internacionalmente, tornando-o um autor reconhecido e multimilionário - assim espero – através dos outros 99% de transpiração e trabalho. Uma bela ideia não é absolutamente nada sem execução.

Primeiro passo para escrever: Leia!

Para escrever bem é preciso ler bastante. Procure ser seletivo, mas leia todos os livros que definitivamente te escolherem. Navegue por estantes diferentes para que livros fora da sua zona de conforto e conhecimento possam te escolher.

Hoje, as ferramentas disponíveis de recomendação de livros são tão numerosas quanto os próprios. Passeie por livrarias reais ou virtuais. O Goodreads (www.goodreads.com), uma rede social de livros – e que conta com aplicativos para smartphones e tablets, integração com Facebook – sugere títulos de acordo com seu perfil, permite saber o que seus amigos estão lendo e quais são suas avaliações.

A parte mais interessante do serviço são as recomendações. Quanto mais você adiciona e avalia os livros que leu, inclui seus gêneros favoritos, categoriza sua estante e marca as opções "Quero ler" ou "Não estou interessado", melhores dicas você recebe de leitura.

A Amazon é imbatível nas recomendações com base em seu perfil, mas é bem restrita quanto à privacidade e não muito adepta da socialização de suas informações. Gosto do Goodreads para recomendações, porque navegar pelas bibliotecas de seus amigos é uma experiência fascinante.

Leia livros sobre como escrever ou sobre como jogar xadrez. Leia romances dramáticos e comédias românticas, livros de ficção – científica inclusive – ou não ficção. Em meu blog, trago uma lista de 10 livros de não ficção que todo escritor deveria ler (eldessaullo.com/2014/08/14/10-livros-de-nao-ficcao-que-todo-escritor-deveria-ler/).

Leia livros de autoajuda, de memórias, biografias, autobiografias, monografias, teses, leia dicionários. Leia roteiros de teatro e de cinema, leia enciclopédias, compêndios e livros de bolso. Leia livros digitais, livros impressos, escute livros, assista filmes que foram adaptados de livros ou livros que foram baseados em filmes. Leia revistas, leia quadrinhos, leia jornais, bulas de remédio, enfim, leia.

Compre um Kindle, o aparelho ou instale o aplicativo disponível para iPhone, iPad, Android, Windows e diversas outras plataformas.

Aproveite sua conta da Amazon e se cadastre no Audible (www.audible.com), o aplicativo para ouvir livros. Experimente fazer sua caminhada diária ouvindo um audiobook.

Leia de Joyce a Murakami, de Machado a Cortázar, de Dante a Hemingway. Leia Eça de Queiroz e Umberto Eco. Leia *"O Triste Fim de Policarpo Quaresma"*, Leia *"A Ilíada"* e *"Harry Potter"*.

Segundo passo para escrever: Inspire-se!

Thomas Edison foi bem conciso ao dizer que "talento é 1% inspiração, 99% transpiração." São as palavras de um inventor. Pablo Picasso pintou uma frase dentro da sua especialidade: "Que a inspiração chegue não depende de mim. A única coisa que posso fazer é garantir que ela me encontre trabalhando."

A boa notícia é que ela chega a todo o momento, basta ficar atento. Aprendi que agir gera mais inspirações do que ficar parado. Muitas inspirações morrem ao primeiro sinal de dificuldade, nas barreiras físicas que impedirão o metafísico de se manifestar, sentar e escrever, transformar as ideias em tinta ou *bits*. É certo que a grande maioria das inspirações acaba se transformando em frustrações. Para que isto não aconteça, a escrita precisa se tornar um hábito em sua vida. O hábito inspira.

Filmes, músicas, esculturas, pinturas, todas as formas de arte são inspiradas e também podem gerar novas inspirações. Até mesmo sua rotina diária pode ser a faísca de um grande raio mágico que encantará leitores e plateias em poucos anos. Um passeio a pé pelo parque, pela praia ou o desvio por um trajeto que você nunca passou antes, pode significar um novo aprendizado, seja através do autoconhecimento ou de um fato externo, e aprendizados geram novas ideias. Seu trabalho pode gerar ignições para compartilhar seu conhecimento ou ajudar outras pessoas a crescerem, o caso de um livro de não ficção.

Uma técnica bem interessante de inspiração e desenvolvimento de uma ideia são os "Mindmaps" ou mapas mentais. Um "mindmap" é um diagrama feito para visualizar uma informação. O termo "mindmap" foi popularizado pelo psicólogo inglês Tony Buzan.

O modelo é bem simples: você desenha um círculo e escreve dentro dele uma ideia principal. Em seguida, cria outros círculos ao redor com outras ideias complementares, similares ou até mesmo antagônicas.

Destes subcírculos, traçam-se novos círculos com novas associações, abrindo o leque de relações com o tema principal.

Os passos abaixo são uma adaptação livre e simplificada, voltada para o ato de escrever, do mapa mental de Buzan:

1. Escreva ou desenhe uma primeira ideia no centro, dentro de um círculo.

2. Use imagens, símbolos, códigos ou o que melhor representar sua ideia.

3. Selecione e escreva palavras chave relacionadas à ideia central.

4. Cada palavra ou imagem é melhor se ficar sozinha, dentro de seu círculo.

5. Conecte os círculos, a partir da ideia central.

6. Use cores para estimular a visão e também para agrupar ideias.

7. Desenvolva seu estilo pessoal de mapa mental.

8. Seja direto e alimente as associações.

9. Mantenha o mapa visualmente limpo, arejado e numerado para facilitar as associações.

Fazer um *"brainstorming"* também é uma opção para aguçar ideias e ativar a inspiração. Utilizada em grupo, o *brainstorm* pode ser adaptado ao processo criativo individual. Vamos supor que você esteja escrevendo uma cena do seu livro policial ou um capítulo do livro de autoajuda e, por algum motivo, o desenvolvimento emperra. Isto pode acontecer mesmo que você tenha um escopo bem definido. É a famosa falta de inspiração.

Experimente fazer o seguinte para reverter este quadro:

1. Foque em um tema por vez. Pode ser uma única cena, um capítulo, um parágrafo.

2. Escreva ou desenhe, se for necessário, o máximo de ideias possíveis relacionadas ao tema.

3. Ideias mirabolantes são muito bem vindas, mesmo que sua especialidade não seja literatura fantástica. Não critique ou julgue antes.

4. Pegue um tema e o desdobre com novas ideias. Escreva como se estivesse fazendo uma lista.

Dicas para se Inspirar

Existem alguns "apoios" bem interessantes para forçar a tal inspiração a sair da caverna e manifestar-se na tinta em seu caderno ou nos *bits* em seu computador. São eles:

1. Pergunte-se: "E se?"

Você não imagina a quantidade de ideias que esta simples pergunta é capaz de gerar. Você olha para uma pessoa, um fato ou um conceito e faz a grande pergunta: *"E se?"* Funciona para criar livros inteiros e também para capítulos ou cenas. E se uma garota romântica e sonhadora se transformasse em uma megera vingativa? E se um asteroide desgovernado se chocasse com a lua amanhã às 23h22min?

2. Concentre-se em uma linha ou em um título.

A técnica de uma linha funciona da seguinte forma: você pega o jornal (ainda existe isto?), folheia ou navega até a seção de livros mais vendidos e lê as frases que resumem as tramas que ocupam os primeiros lugares do ranking. Use a trama como modelo para uma história diferente. Funciona também com títulos. Vá até a livraria mais próxima, pegue o livro com o título mais irresistível para você, mas não o compre, nem o leia. Adicione sua história para aquele título. Funciona melhor com títulos mais abrangentes. Não funciona com títulos do tipo "Harry Potter e a Pedra Filosofal", mas você pode escrever sobre um garoto (ou uma garota) órfão que desenvolve superpoderes ou vence grandes desafios. Basta ser original e não imitar o próprio Harry nem Peter Parker, Bruce Wayne, Clark Kent, Tarzan, Wolverine, Branca de Neve, Cinderela, Goku, James Bond, Bambi, Oliver Twist, Tom Sawyer, Huckleberry Finn, Luke Skywalker, Heidi, Tom Jones, Jane Eyre, David Copperfield, Frodo Bolseiro, entre outros grandes órfãos heróis da literatura e do cinema.

3. Empreste uma sinopse antiga.

Histórias são escritas e podem ser reescritas de muitas formas. Que tal pegar o resumo de Casablanca e transformá-lo em um Thriller médico ou criminal com um triângulo amoroso nos moldes de Rick, Ilsa e Victor? Kal Bashir, um estudioso do Monomito, a jornada cíclica dos heróis, compara o Episódio IV de *"Star Wars, Uma Nova Esperança"* – a primeira parte da mais badalada opera espacial de todos os tempos – com *"Harry Potter e a Pedra Filosofal"* – a primeira parte da mais afamada aventura de bruxos adolescentes. Para Kal, assim como para Joseph Campbell e Christopher Vogler, autores que difundiram a ideia do Monomito, as histórias seguem uma estrutura única que tem como base a "Transformação". Por mais antiga e contestada que seja a ideia do Monomito, sua abordagem estruturalista continua vendendo livros e enchendo salas de cinema. Ah, você pode substituir a estrutura do Episódio IV pela do novíssimo Episódio VII, *"Star Wars, O Despertar da Força"*, que também dá na mesma.

4. Pense em uma "Questão Quente".

Pegue um tema polêmico e coloque dois personagens, um de cada lado. Seja justo com ambos, justifique cada posição. Assunto controverso é o que não falta hoje em dia.

5. Siga o "Método Ray Bradbury".

Crie um personagem com uma obsessão, como Guy Montag de Fahrenheit 451, e deixe-o te levar para dentro de sua história.

6. Plante à Noite e Colha pela Manhã.

Escreva algumas ideias aleatórias em um diário ou caderno de notas antes de dormir. Na manhã seguinte, sente-se para escrever e veja se algum milagre acontece.

7. Preveja o Futuro.

Assine uma revista ou uma *newsletter* de tendências em qualquer área – medicina, tecnologia, finanças, relacionamento – encontre uma tendência que te cause arrepios e escreva uma história a partir dela. Não se surpreenda se acabar criando mais um clássico de ficção científica.

8. Pense em uma "Profissão: Perigo"

Escolha uma profissão qualquer. Pergunte-se qual seria a pior coisa que poderia acontecer com um profissional daquela área. Escreva um *thriller* jurídico arrepiante, por exemplo. John Grisham é um mestre neste modelo.

Caso essas ideias não ajudem – ou talvez você não funcione dentro de um método – busque inspiração em uma das nove filhas de Mnemosine e Zeus, as musas da mitologia grega que inspiravam a criação artística ou científica. No caso, as musas (ou musos) não precisam ser necessariamente gregos.

Terceiro passo para escrever: Escreva!

Não adianta querer ser escritor ou querer publicar um livro se você não se sentar na cadeira e... ESCREVER. Uma das grandes mentiras propagadas pela autoajuda é a de que devemos focar em nossos objetivos. Isto não ajuda em nada, às vezes mais atrapalha. Objetivo é assunto do coração. E escrever também é. Mas para executar qualquer projeto, da construção de uma casa a publicar um livro, é necessário envolver a mente. E a mente precisa de um processo para não procrastinar ou desistir. Assim, coloque seu foco no processo, em juntar uma peça do quebra-cabeça de cada vez.

Antes de começar a encher o papel ou a tela de letras, crie uma agenda de todo o processo. Por exemplo:

1. Semana 1: Planejar e estruturar o livro, pesquisar e organizar as ideias. Quem escreve ficção precisa definir eventos, cenas principais, personagens, cenários, linha do tempo. Quem escreve não ficção precisa definir capítulos, subcapítulos e levantar informações relevantes sobre o assunto.

2. Semanas 2 a 6: Escrever. Escrever diariamente, em períodos curtos, de 30 a 60 minutos é melhor do que escrever 8 horas seguidas em um fim de semana, por exemplo. Se você exagera, acaba se cansando e a produtividade e as ideias vão para o espaço e não voltam.

3. Semanas 7 a 8: Reescrever. Lembre-se de dar uma pausa antes de começar a reescrever para que seu cérebro analítico tome as rédeas. Nesta hora, atente-se para os seis "C" da análise crítica: Coesão, Coerência, Concisão, Clareza, Cadência e Correção.

Lembre-se também que não existe aquela coisa de ficar esperando o melhor lugar e momento para começar a escrever. Desenvolva este hábito deste já. Se você ainda tem problemas com isto, sugiro que leia meu livro "<u>O Hábito da Escrita em 21 Dias: Como desenvolver foco e determinação para ser um escritor bem-sucedido</u>".

Escrevendo Ficção

Se você escreve ficção, um bom começo é a "A Jornada do Herói". Se nunca ouviu falar, a "Jornada do Herói", que tem origem no livro "O Herói de Mil Faces", de Joseph Campbell, é uma convenção literária identificável em diversas narrativas e que tem como base a psicanálise e ideias elementares da mitologia.

Alguns questionam o uso do método, outros conseguem enxerga-lo em toda narrativa. O fato é que se trata de uma história como a de Adão e Eva: não importa se aconteceu ou não, mas não há dúvidas de que os mitos fazem parte do inconsciente coletivo. Lembre-se dos arquétipos propostos por Jung. Querendo ou não, eles podem ser identificados em diversas narrativas e culturas.

O método da "Jornada do Herói", composto de doze fases, torna as tramas mais envolventes e verossímeis pelo fato de se assemelharem com nossas vidas e com o ciclo cosmogônico. Geralmente, está dividida em três grandes atos: apresentação, complicação e resolução.

No primeiro ato, onde as personagens e cenários são apresentados, os passos são:

1. A Partida ou Mundo Comum: o herói se encontra em sua vida rotineira, sem muitas novidades, quase beirando o tédio ou insatisfeito.

2. O Chamado à Aventura: um acontecimento inesperado muda a rotina do herói, acena com a possibilidade de que as coisas podem mudar a qualquer instante.

3. Recusa do Chamado: o herói bate o pé e diz que não vai entrar em uma roubada.

4. Encontro com o Mentor: um *mestre-mago-professor*, enfim, alguém com mais experiência do que o herói, aparece e o convence a entrar, sim, na roubada.

5. A Travessia do Limiar: o herói mergulha de cabeça na roubada, no novo mundo, no relacionamento, na atmosfera do crime, na floresta, na coluna de tijolos da estação do trem em *King's Cross*.

É quanto tem início o segundo ato, a fase onde tudo se complica:

6. Testes, Aliados e Inimigos: o herói é apresentado à sua trupe e àqueles que infernizarão sua vida. Além disto, passa por testes para provar que se trata realmente do "escolhido".

7. Aproximação da Caverna Oculta ou do Objetivo: o herói chega perto de resolver a questão, mas uma complicação súbita o impede.

8. A Provação Suprema: a história chega ao clímax, a luta derradeira acontece, a crise chega ao ápice e o herói se vê diante da vida e da morte, que pode ser física, psicológica ou social/profissional.

9. A Conquista da Recompensa: o herói ganha um anel, um cálice sagrado, um livro mágico, conquista a espada.

Neste ponto, a história entra em seu terceiro e derradeiro ato e tudo se resolve (ou não):

10. O Caminho de Volta: o herói retorna ou tenta retornar a seu mundo anterior.

11. Ressurreição: o herói precisa enfrentar um novo teste mortal e deve usar tudo que aprendeu.

12. Retorno com o Elixir: o herói retorna à sua vida rotineira, porém transformado. Ele já não é mais a mesma pessoa que era no início da história.

Tente identificar cada um dos passos acima nos livros e histórias que leu ultimamente. O método é muito utilizado no cinema, então, na próxima leitura ou no próximo filme, procure identificar em que passo da jornada o herói está. A certeza é que, usando esta fórmula, você pode deixar até o manual da lava-louças mais eletrizante.

Outro método que costumo utilizar é a "fórmula secreta do sumário." Você define a sua história em uma única frase. A partir disto, cria os títulos dos capítulos do livro, como se estivesse montando um índice, alinhando as ideias em uma sequência que seja compatível com o desdobramento da história e de uma maneira que contenha uma apresentação das personagens, dos cenários e da trama, uma iniciação, um clímax e uma conclusão.

Para mim, a estrutura básica de uma história bem contatada possui seis partes:

1. **Exposição:** apresente seus personagens, principalmente o protagonista e o antagonista.

2. **Problema:** coloque seu protagonista em uma crise gerada por um conflito interno, externo ou interpessoal. Arremesse o protagonista na história.

3. **Complicação:** apresente seus amigos, seus inimigos e faça os problemas se complicarem cada vez mais. Para isto, você pode usar pistas falsas, fazê-lo tropeçar ou mergulhá-lo em uma crise existencial.

4. **Decisão:** eis o momento, também conhecido como clímax, onde o protagonista precisa tomar uma decisão que mudará para sempre seu mundo. É o ponto onde fica entre a vida e a morte.

5. **Transformação:** depois de enfrentar a morte, o protagonista se transforma em uma pessoa melhor ou, no mínimo, diferente do que era quando a história começou.

6. **Resolução:** a volta para casa, para a normalidade, o que inclui as comemorações. Porém, o protagonista agora enxerga o mundo com outros olhos.

Se você quiser se aprofundar em histórias de ficção, escrevi três livros sobre o assunto, disponíveis em e-book e papel:

- "Escrevendo Romances – Como Contar Histórias de Amor Que Apaixonam"

- "Escrevendo Terror – Como Contar Histórias Sobrenaturais de Arrepiar"

- "Escrevendo Ficção Científica e Fantasia – Como Contar Histórias de Outros Mundos"

Escrevendo Não Ficção

Como autor de não ficção, você pode sentir uma falta de rumo antes de começar a escrever seu livro. É natural, já que muitos especialistas em determinadas áreas não são especialistas em escrever livros.

A palavra-chave para atingir seu objetivo de escrever um bom livro de não ficção é Planejamento. O tempo que você teoricamente "perde" ao planejar e estruturar resulta em muitos ganhos na hora da escrita. Ganhos de tempo e também de qualidade.

Assim, listo abaixo o processo de estruturação de meus livros de não ficção. O objetivo não é engessar o trabalho, mas abrir sua mente para as possibilidades de um livro bem planejado. Os leitores vão agradecer e recomendar seu livro.

1 – Escolha o assunto

O primeiro passo para escrever um livro de não ficção é escolher o tema que precisa estar alinhado com sua experiência ou conhecimento. Responda para si mesmo: Por que você gostaria de escrever um livro sobre este ou aquele assunto e, principalmente, que valor era trará para sua carreira ou obra literária?

Se o objetivo é apenas ganhar dinheiro, repense. Lembre-se que leitores não compram o que você quer escrever, mas o que eles querem ler. Assim, é de bom tamanho compreender seu mercado e público-alvo antes de tomar a decisão.

Faça uma pesquisa sobre livros de outros autores que escrevem sobre o mesmo tema, leia as avaliações dos leitores em busca de *insights* ou problemas que não são cobertos nestes livros.

2 – Crie um mapa do conteúdo

Liste os principais assuntos que você precisa cobrir com seu livro. Depois, faça um exercício para expandir estes assuntos em subtemas. Crie uma espécie de índice para seu livro com capítulos e subcapítulos. Crie "fichas", sejam elas digitais ou analógicas, para seus capítulos.

Uma boa maneira de fazer isto é separar os assuntos e subtemas em fichas separadas. Costumo criar um painel de navegação no Word e ir ordenando de acordo com as necessidades. Isto também me libera para escrever os capítulos na ordem que eu desejar.

Anote tudo o que lhe vier à mente sem julgamentos. Pense em torno de oito a doze capítulos. Em cada um deles, tente ser específico e foque em resolver um problema por capítulo. Sim, leitores de não ficção estão em busca de soluções.

3 – Faça as pesquisas necessárias

Quando se escreve não ficção, a argumentação precisa ser embasada e consistente. Mesmo que você se ache capaz de escrever um livro apenas com a experiência gravada em seu cérebro, você descobrirá mais tarde que precisa ir mais a fundo.

Anote sites, citações e opiniões de outros especialistas nas fichas de cada capítulo. Anote as principais queixas dos leitores nas críticas dos livros concorrentes. Levante livros que você precisa ler ou pessoas que você precisa entrevistar para complementar e reforçar seu conteúdo.

4 – Pense diferente

Com todos os capítulos e subcapítulos definidos, faça um exercício de ponto de vista. Ao escrever sobre um assunto, muitos autores repetem as mesmas ladainhas do mercado. Responda-se:

- Como você pode se diferenciar da multidão?

- Que abordagem original você pode imprimir em cada um dos seus capítulos?

- Que solução exclusiva e inédita você pode dar a cada problema?

Tente trazer um olhar novo para dores antigas. Anote tudo em suas fichas.

5 – Faça uma Lista de Tarefas

Para cada capítulo do seu livro, faça uma lista de ações necessárias para que você escreva um bom texto. Um exemplo:

[ ] Ler o livro "Nome do Livro – Nome do Autor"
[ ] Preparar perguntas para entrevistar outros especialistas
[ ] Levantar contatos dos especialistas

[ ] Enviar as perguntas e fazer follow-up
[ ] Organizar as respostas
[ ] Ler o artigo "tal" no site "tal"
[ ] Ler avaliações dos leitores dos livros a, b, c e d
[ ] Organizar todo o material e pesquisas para começar a escrever
[ ] Escrever capítulos 1, 2, 3, 4, 5, 6, 7 e 8
[ ] Escrever introdução e conclusão

6 – Estabeleça um Prazo

Um bom prazo não é tão apertado a ponto de prejudicar a qualidade do texto e da sua vida nem tão folgado para permitir que você procrastine. Com base na organização dos capítulos e nas tarefas, estabeleça uma data para concluir cada tarefa. Cada livro de não ficção é diferente do outro e requer prazos diferentes.

Como as pessoas têm menos tempo hoje, recomendo que você seja bem específico e evite escrever compêndios de 400 páginas. Para calcular o tempo de escrita, estime entre 500 e 800 palavras por hora. Um e-book de 20 mil palavras vai requerer de 40 a 50 horas em média para vir ao mundo com qualidade.

Com base nestas estimativas, estabeleça um prazo final para ter o livro pronto. Isto vai empurrar o seu cérebro e seu coração rumo ao objetivo final: o livro escrito.

7. Coloque tudo na Agenda

Por fim, insira cada capítulo em sua agenda, levando em consideração que cada capítulo pode levar um ou mais dias para ser escrito.

Olhe para sua agenda nos próximos dois meses e bloqueie os horários específicos para escrever cada um deles. No dia e horário específicos, organize-se para não ser interrompido durante a escrita. Encontre um lugar e um horário que não permitam distrações.

Escreva usando um sistema de back-up, como o Dropbox ou o Google Drive. Não corra o risco de perder o trabalho por falhas de sistemas, computadores ou humanas. Por fim, foque no resultado final. Visualize seu livro pronto e siga em frente com otimismo e determinação.

Motive-se diariamente, não julgue o que escreve durante a escrita e mantenha a tenacidade. Com estas atitudes em mente, seu livro pode ficar pronto em menos de um mês ou menos.

Caso queira se aprofundar na técnica de escrita de livros de não ficção, conheça meu livro "E-book 48h – Como Escrever Um Best-Seller de Negócios ou Autoajuda Mesmo Sem Tempo", disponível na Amazon.

Quarto passo para escrever: Reescreva!

Muitos acreditam que os livros que têm em mãos são escritos de uma única tacada. Basta um estalar de dedos para que já apareçam na lista dos mais vendidos do New York Times.

Raríssimos são os livros escritos desta forma. Até os que se beneficiam da benção (ou loteria) do sucesso instantâneo passam por revisões e tratamentos até tomarem um corpo capaz de conquistar os corações de milhares de leitores. Livro são reescritos antes de serem publicados. E reescrever é um trabalho quase tão ou mais gratificante quanto escrever.

Mas aqui vale uma dica importante: nunca reescreva enquanto escreve. Escreva seu livro inteiro de uma vez, sem se preocupar com erros, nem mesmo tente ajustar o que escreve. Depois que terminar, dê uma pausa, uma semana pelo menos para que a emoção passe e você possa usar a mente crítica para reescrever.

Uma leitura que recomendo, apesar do foco no ultrapassado processo de submeter seu livro para uma editora, é *"The First Five Pages - A Writer's Guide to Staying Out of the Rejection Pile"*, um guia para o escritor que deseja ficar fora da pilha dos rejeitados, escrito por Noah Lukeman, um ex-agente literário americano. Infelizmente, o livro ainda não tem tradução para o português. Lukeman analisa os principais erros que aparecem em 99% dos manuscritos não solicitados por agentes e editores e afirma que do ocidente ao oriente, de norte a sul, escritores cometem exatamente os mesmos erros.

Além de discorrer sobre ritmo, tom, estilo e diversas variáveis da escrita, especialmente para as cinco primeiras páginas de um livro que, segundo ele, são fundamentais no processo de avaliação por um editor, Lukeman ressalta a importância do vocabulário, incentivando o escritor a se aprofundar, não só no significado, mas na origem e história de cada palavra. O objetivo não é mera erudição, mas fixar a palavra na mente no autor de maneira que ela se torne uma espécie de iceberg, ou seja, que traga uma bagagem abaixo da linha do oceano da informação e adicione substância mesmo sem mostrar.

Siga o seguinte processo, dividido em quatro *drafts* ou campanhas, revisão e *feedback*:

1. **Escreva o primeiro *draft*:** escreva o primeiro *draft*, capítulo a capítulo, sem parar. Lance cada capítulo em sua agenda diária, um capítulo por dia ou um a cada dois dias, você é quem define.

2. **Faça uma Pausa:** finalize e dê uma pausa de uma semana antes de partir para o segundo *draft*.

3. Segundo *draft*: verifique gramática e ortografia, remova excessos de gerúndios e advérbios que terminam em "mente", como perfeitamente ou inutilmente. Remova os excessos de pronomes possessivos e de artigos indefinidos. Estes itens em excesso tornam a leitura mais pesada e truncada. Cheque também se existem muitas palavras repetidas no mesmo parágrafo. Busque sinônimos ou reescreva a frase de um ângulo que evite a repetição. Remova a voz passiva: ao invés de usar "a maçã foi mordida por Branca de Neve", prefira "Branca de Neve mordeu a maçã".

4. Terceiro *draft*: o objetivo é reforçar o estilo, fortalecer a parte inicial do livro, checar a amarração do meio e se o fim está satisfatório. No caso de não ficção, deixe para escrever a introdução e a conclusão do livro nesta etapa. Lembre-se: a meta aqui é tornar tudo mais forte, mais coeso, mais consistente, seja acrescentando ou cortando parágrafos, cenas ou capítulos inteiros. No caso de ficção, esta é a hora de checar se os diálogos soam plausíveis e ajustar o que for necessário, além de checar o andamento e a progressão do texto.

5. Quarto *draft*: por fim, parta para a quarta e última campanha, onde o objetivo é cortar os excessos. Lembre-se que você já fez três *drafts* e agora precisa apenas dar o retoque final.

6. Revisão: depois de terminar as etapas de reescrita, é hora de revisar o livro. Não faça você mesmo a revisão. Contrate um revisor treinado e recomendado, há muitos disponíveis em sites de freelancers. O motivo é que, pelo fato de ter escrito, às vezes as palavras e sentenças estão tão entranhadas em sua mente que um acento, uma pontuação, uma concordância passam despercebidas. É natural. Também não tenha medo do revisor, o objetivo é privar o leitor de erros.

7. Peça opinião: peça a parentes e amigos de confiança para analisar seu livro. Tome cuidado com as críticas destrutivas e para não ficar paralisado por conta de opiniões divergentes. Não transforme seu livro em um Frankenstein aceitando ideias de todo mundo.

Um livro é como uma pintura e, por mais que existam métodos e métodos, cada pintor tem o seu ou adapta uma fórmula para chamar de sua. Pode começar do princípio e, em uma sequencia lógica, caminhar até o final ou pode fazer o caminho inverso. Pode começar do meio ou, ainda, começar do fim. Pode desenhar um grid ou rascunho e ir preenchendo de forma aleatória até completar a composição ou jogar as letras como Jackson Pollock jogava as tintas.

Minha função aqui foi listar alguns métodos para que você encontre o que melhor funciona para você. Os métodos variam entre obras de ficção e não ficção, mas o que você precisa ter em mente é um começo, um meio e um fim. Primeiro ato, segundo ato, terceiro ato, às vezes, quarto ato.

Quando um autor foge destes modelos acaba se tornando conceitual demais, o que impacta no gosto do leitor e, por conta disto, nas vendas. Isto serve para cada capítulo, para o livro todo e também para a sua obra inteira.

Mas nada disto terá muito efeito, se você não colocar um ponto final no livro.

Principais Lições

• Para ser um escritor, tudo o que você precisa é ter algo a dizer ou uma história para contar. O resto você aprende ou contrata profissionais especializados para te auxiliar.

• Para escrever bem, você precisa ler, buscar inspiração, sentar-se para escrever e, depois de tudo, reescrever.

• Crie uma agenda e um método de escrita, com objetivos claros e tenha disciplina.

Como Terminar
Seu Livro

"Começar forte é bom. Terminar forte é épico."
Robin Sharma

Quando R.D. Cumming disse que um bom livro não tem fim, quis dizer que o leitor precisa fechá-lo e ficar pensando no que acabou de ler por um bom tempo. Para que seu livro chegue até o ponto do leitor fechá-lo, você precisa terminá-lo. Talvez, mais difícil do que começar a escrever um livro seja colocar o ponto final.

Muitas pessoas não sabem por onde começar a escrever. Uma parcela dos que começam, acaba abandonando o livro por absoluta falta de atitude. Outros se perdem com distrações que acabam comprometendo a produtividade. Costumo dizer que talento e imaginação não servem para nada se você não se senta – diante do computador, da máquina de escrever, do papel – e escreve.

Sei também que muita gente não sabe lidar com o tempo e prefere, ao invés de escrever, conjugar os verbos entreter, espreguiçar e procrastinar. Assim, eis algumas dicas para contribuir para que mais livros saiam das gavetas e das cabeças e cheguem até as mãos de mais de leitores:

1. Siga seu Estilo

O pior erro de quem escreve é tentar copiar o estilo de outro escritor. Chega uma hora em que as coisas empacam e o "santo" do inspirador não baixa nunca mais. O escritor e dramaturgo francês Jules Renard, apesar da amargura, compôs uma frase que liberta os adeptos desta prática nefasta: "Estilo é esquecer todos os estilos". Bruce Lee também lutava contra estilos – no caso, estilos de Kung Fu – pois os considerava como leis que dividiam e não somavam. Crie seu próprio estilo, converse com o leitor e lembre-se: estilo, assim como a tecnologia, é um meio. Foque no fim.

2. Use bem o Tempo

Um dos piores problemas da era da informação é, justamente, o excesso dela. As pessoas sempre acham que precisam aprender mais um pouquinho, se inspirar mais um pouquinho, descansar mais um pouquinho. Com isto, o tempo escorre pelo relógio e o amanhã vira ontem. Quando estiver empenhado na escrita do seu livro, deixe a leitura, os cursos e outros recursos de lado por um tempo. Infelizmente, além de não termos uma tecla de *stand-by*, adoramos corromper o "Carpe Diem!" achando que ele significa apenas entreter-se. Neste caso, é preciso disciplina mesmo.

3. Planeje

Imagine um arquiteto que começa a construir uma casa sem planta, sem uma guia de onde colocar o primeiro e o último tijolo, a lista de materiais que vai utilizar na construção, sem pensar no acabamento que trará beleza à obra. Alguns podem até ter sorte, mas a grande maioria terá que lidar com os destroços da casa caída. Analise os modelos dos mestres – eles vendem bem mais do que os filmes iranianos alternativos sem pé, nem cabeça. Veja bem: nada contra filmes iranianos. Você não precisa ser adepto do *blockbuster* explosivo, apenas levar em conta que arquétipos existem. Coloque a culpa em Jung por isto. Você pode me falar dos jardineiros, que não planejam muito, e criam belos jardins. São raros e duvido que não considerem uma pá de planejamento. Pelo menos para saber o local das azaleias e o local das lobelias, das plantas que precisam de sombra e das que precisam de sol.

4. Agende!

Mais uma vez: de que adianta ter uma ideia espetacular se ela não sai da sua cabeça? A grande maioria das ideias morre por falta de execução, de um plano que as traga ao mundo. Para isto, nada melhor do que uma agenda. A agenda foi a melhor invenção do homem depois da roda e da própria escrita. A menos que você estabeleça uma agenda de pesquisa, planejamento, escrita e reescrita e coloque tudo isto no seu Google Calendar ou mesmo na sua agendinha Tilibra, seu cérebro vai continuar dando voltas sem sair do lugar ou vai demorar muito mais para chegar aonde você sonha.

5. Coloque-se Desafios

O ser humano adora um estímulo. Nada melhor para empurrar sua escrita – para frente e não para o lado – do que colocar desafios, públicos ou privados, e se virar nos 30 para cumpri-los. Pensando nisto, o homem tecnológico também inventou alguns softwares para contribuir para a "auto incitação". O *"Write or Die"*, por exemplo, pode te ajudar de com consequências, sua tela pode se encher de aranhas se você procrastinar, ou com recompensas, belas fotos podem pipocar em seu desktop ou tablet ao cumprir sua tarefa com louvor. Outros, como o *"WritePlan for iPad"*, permitem que você estabeleça um número de palavras e um *deadline*. Se você não cumpre sua missão, não há uma recompensa, só consequências: angustia e mais demora para ver o livro na estante ou no Kindle do leitor.

6. Livre-se das Distrações

Nada consome mais tempo do que o entretenimento. Claro que ninguém precisa chegar ao extremo de se isolar em uma clínica de dependentes do Facebook – alguns até precisam – mas a verdade é que horas de entretenimento impactam (ou melhor, fulminam!) suas horas produtivas. A palavra-chave aqui também é disciplina. Estabeleça um horário para responder e-mails, acessar as últimas fofocas das novelas ou curtir a foto do amigo comendo sushi com a namorada e estabeleça horários para escrever nos não atenda nem se o Papa bater à sua porta.

7. Siga a Regra do 80/20

Você já deve ter ouvido falar do Princípio de Pareto que afirma que para muitos fenômenos, 80% das consequências advêm de 20% das causas. Então, destine 20% do seu tempo para as tarefas que "causam" 80% de suas receitas. Terceirize o resto. Não perca seu tempo estudando programação para colocar seu site de autor no ar, por exemplo. Além de existirem dezenas de ferramentas, inclusive gratuitas, para isto, este é um tempo precioso no qual você poderia estar criando, o que representa maior valor de mercado, e não apertando parafuso.

8. Estabeleça Prazo para Tudo

Sim, olha a agenda aí de novo. Neste caso, o prazo de entrega, "a grande musa do escritor", como bem disse o Veríssimo. Coloque um *deadline* para cada etapa: pesquisa, planejamento, escrita, reescrita, revisão, publicação, marketing e até para checar as vendas diárias. Nosso cérebro funciona muito melhor com objetivos diretos e prazos claros. O contrário invariavelmente resulta em objetivos vagos e prazos escusos.

9. Estabeleça um Compromisso

Se você não consegue estabelecer um compromisso com si próprio, faça-o com um amigo ou como aqueles fumantes que tornam público que pararam de fumar para sentir vergonha se não cumprirem. Posta lá na sua timeline: "No fim do mês termino meu novo livro. Aguardem!" e marque todos os seus amigos bons de memória.

10. Aprenda isto: Você pode atualizar, se quiser

Antigamente, um livro escrito e impresso era definitivo até a próxima edição, um, dois anos depois ou nunca mais. Hoje, o livro pode ser alterado no ar em dois dias, caso de um e-book publicado na Amazon, por exemplo. Você não precisa se desesperar ao descobrir que uma ideia maravilhosa que chegou depois do livro publicado continuará de fora por tempo indeterminado. Basta alterar seu livro, acessar o KDP, subir o arquivo do livro novamente e, *voilà!*, em até 48 horas, ele estará atualizado.

Você precisa começar, desenvolver e terminar seu livro. Para isto, é fundamental estabelecer uma data de encerramento e fazer uma programação em sua agenda para que a data seja cumprida. Adote um método, coloque-se um *deadline* e mãos a obra.

Principal Lição

• Coloque um ponto final em seu livro. A perfeição leva uma eternidade. Termine seu livro bem antes disto.

Como Criar um Título Vendedor

"Tudo o que representa posição social, título ou prestígio defende as exigências sociológicas em detrimento das exigências naturais".
Wilhelm Reich

Muitos especialistas em marketing de livros afirmam que título do livro representa 90% de sua estratégia de vendas. Esta afirmação é suficiente para que você tenha consciência da importância de escolher um bom título.

Dar um título a um livro é como dar nome a um filho. Dizer para um pai ou mãe que nome ele deve dar ao filho é complicado, cada um tem um gosto e pensa de uma forma. Então, a única coisa que posso fazer é sugerir ideias para uma boa escolha.

Um bom título cria toda uma expectativa e, para isto, precisa ser forte para ter mais chances de capturar a atenção do leitor. Lembre-se que você só tem 5 segundos para conseguir isto.

Aqui vão algumas dicas:

1. **Faça um *brainstorm*:** de acordo com o gênero, crie um título que transmita o "tom" do livro. Seja absolutamente claro. Não corra o risco de ter um romance com título de livro de história.

2. **Pesquise outros títulos:** faça uma busca na Internet, na Amazon e em outras livrarias online por livros do mesmo gênero que contenham títulos que te atraiam. Escreva o que gosta e o que não gosta em cada um deles. Estude SEO – Otimização de Ferramentas de Busca – para aprender um pouco sobre como ser indexado pelo Google, Yahoo e outros buscadores. Se seu título for muito genérico, dificilmente conseguirá uma boa posição em um resultado de busca, devido à concorrência. Esta dica é muito importante principalmente se seu livro for de não ficção.

3. **Liste suas ideias:** escreva, sem se censurar, uma lista de palavras relacionadas e identifique as que transmitam uma emoção, uma sensação ou uma ideia primordial do seu livro. Escreva entre cinquenta e cem palavras com o objetivo de criar um título que deixe os leitores "sem palavras". Quais definem o conceito ou o personagem principal? Pense na ação da história e em verbos que a definam. Se for um livro de não ficção, imagine as ações que você quer que o leitor tome, pense ou sinta depois de lê-lo. Divida as colunas entre substantivos, verbos e adjetivos.

4. Faça combinações: identifique se uma única palavra passaria a "ideia" do livro. Caso contrário, faça combinações, também sem julgamentos. Tente adjetivos com substantivos, verbos com substantivos. Coloque-os no papel.

5. Deixe de molho: finalize uma lista com vinte títulos possíveis e deixe-os de lado por um tempo. No dia seguinte, você os verá com outros olhos.

6. Adicione mais ingredientes: volte à sua lista e adicione novas ideias que você possa ter tido. Reduza sua lista em torno de três a cinco títulos.

7. Peça opinião: peça a algumas poucas e confiáveis pessoas, desde que se concentre em não tornar o título um Frankenstein, que opinem sobre seu short list. Não apresse o rio, leve o tempo que for necessário.

8. Compare com a concorrência: retorne à lista das livrarias online e compare seu título com outros da mesma categoria. Pergunte-se se seu título se encaixa na lista sem ser similar ou muito genérico.

9. Questione a adequação: pergunte-se se o tom do título combina com o tom do livro, se o título é adequado à época, se chama a atenção mesmo quando estiver só com a lombada exposta em uma estante, se o leitor, em especial nos casos de não ficção, terá uma ideia do que se trata apenas com aquelas poucas palavras expostas.

10. Decida-se: faça a sua escolha e comemore.

Cinco dicas para um título consistente

1. Prometa o que seu livro vai entregar ao leitor. Não faça promessas no título que não vai cumprir no conteúdo.

2. Demonstre sua Personalidade como Autor. Saia do lugar comum. Use palavras que chamem a atenção e que demonstrem que você é um autor com personalidade.

3. Chame a atenção no meio de uma dezena de outros títulos. Com um leitor cada vez mais sem tempo, você tem menos de cinco segundos para chamar a atenção. Seja original e muito criativo.

4. Use palavras-chave. Elas fazem com que os buscadores indexem melhor seu livro e, com isto, que você tenha mais exposição junto ao seu público.

5. Obtenha "feedback". Como já foi dito antes, peça a opinião de amigos ou parentes ou até mesmo de um vendedor de livraria de rua sobre suas opções de títulos.

Principal Lição

• Crie um título que dê "coceira de vontade de comprar" no leitor. Seja simples sem ser simplório.

Como Criar uma Capa Arrasadora

"Bom design significa bons negócios"
Thomas Watson Jr

Quem disse que não se deve julgar um livro pela capa estava certo. Porém, a verdade é que as pessoas julgam um livro pela capa. Durante a etapa de criação da capa de seu livro, tenha em mente o ditado que diz que "a primeira impressão é a que fica". Lembre-se também de dois pontos muito importantes:

Primeiro, que não se trata apenas de design, a capa deve transmitir a "aura", a ideia e precisa ser apropriada ao tema do livro. Claro que o objetivo é se destacar, porém, antes de tudo, é necessário ser aceito dentro de um contexto.

Visite livrarias e veja como são as capas dos livros que pertencem ao mesmo segmento que o seu. Cada um deles tem um "*look*" diferente. Romances geralmente têm fotos de casais ou belas paisagens, muitos livros de negócios trazem capas sem imagens, apenas com o título em destaque, livros de ficção científica mostram ilustrações fantásticas.

Segundo que, a não ser que você tenha as habilidades de um experiente e excelente designer de capas de livros, não crie você mesmo. Contrate um especialista.

Poste o *briefing* em websites como Workana, 99Designs ou Fiverr, onde você encontra bons freelancers. Cheque o portfolio e recomendações sobre o trabalho de cada profissional. Porém, antes de contratar um terceiro, desenvolva um briefing detalhado contendo as informações relevantes da sua capa:

1. Título do Livro
2. Subtítulo (se houver)
3. Nome do Autor (como deve aparecer na capa)
4. Gênero do Livro
5. Sinopse (ou, se possível, envie o primeiro capítulo em PDF)
6. Observações (se houver)

Agora, vamos às dicas práticas sobre o design da capa:

1. Seja Legível

Você tem muito pouco tempo para capturar a atenção do leitor, menos de cinco segundos. Desta forma, tenha certeza de que ele vai conseguir ler seu título. Por conta disto, a grande maioria dos livros usa uma tipologia em **negrito**, com letras encorpadas e têm contraste bem definido entre o título e o restante da composição.

Contraste é fundamental para a boa leitura. Um título claro sob fundo escuro ou título escuro sobre fundo claro são bons caminhos. Sombras sob as fontes também ajudam a aumentar o destaque. Para ser mais legível, siga os passos:

2. Escolha bem a Tipologia

A tipologia é capaz de influenciar na "aura" do livro. Um tipo sólido e pesado é bom para livros técnicos. Fontes mais finas e serifadas (aquelas voltinhas nas pontas das letras) ou manuscritas funcionam bem em romances.

Evite usar CAIXA ALTA em todo o título, pois isto dificulta a leitura. A não ser que seja uma única e curta palavra, como DUNA ou VENDER. Use uma tipologia diferente para o subtítulo. Se o título é sem serifa, use um subtítulo serifado ou vice versa.

Se o título for em negrito, o que é preferível, use letras mais finas no subtítulo. Além de separar visivelmente as mensagens, isto dá um movimento à capa. Experimente, por exemplo, combinar letras retas, também conhecidas como romanas ou médias, com *inclinadas*, em itálico. Combine também CAIXA-ALTA e Caixa Alta e Baixa.

3. Cuidado com as Cores

Cores e suas nuances comunicam mensagens. Assim, esteja atento para não transmitir um sentimento oposto ao assunto do seu livro. Muito menos faça uma salada de cores pensando que vai chamar a atenção.

Busque sempre uma paleta de cores harmônica e, novamente, que tenha contraste. Cores opostas também devem ser utilizadas, mas com moderação, de preferência uma única vez na capa. Por exemplo, se a cor do título é oposta à do fundo, use apenas nisto, combinando com cores da mesma paleta de uma delas, pouco mais claras ou escuras, nos outros elementos.

Um passeio pelo significado das cores também vale. O branco é puro, evoca credibilidade. O preto é sensual, esconde mistérios e segredos e transmite autoridade. O azul passa superioridade, apesar de ser menos visível que o vermelho, uma cor quente, e que chama muito a atenção. O marrom transmite riqueza ou valores tradicionais, já o verde evoca assuntos saudáveis, como saúde e lazer.

4. Transmita Qualidade com um aspecto profissional

Tenha absoluta certeza que é possível vender um livro apenas através da capa, então, cuide para que ela seja profissional. Além disto, cuide também para que o design do interior seja agradável. Nada de um amontoado de texto sem área de respiro, nada de entrelinhas apertadas ou tipologias esdrúxulas ou que precisem de lentes de aumento.

No texto, as fontes serifadas, são mais fáceis de ler do que letras sem serifas, que podem ser utilizadas nos títulos dos capítulos ou subtítulos. A leitura precisa ser agradável não só no conteúdo e no estilo, mas também na impressão.

Assim como fez no processo de criação do título, navegue pelas livrarias virtuais e pelas capas dos livros do mesmo segmento que o seu e pergunte-se: que elementos fazem com que você goste de uma e deteste outra? Repare nos detalhes, em como cada título se comporta, se são legíveis e como é a combinação com os outros elementos. Como a capa se sobressai diante de outras capas?

Monte um mural com todas as capas juntas e aponte qual se destaca mais e por que. Reduza a sua capa ao tamanho de um *thumbnail* (60 pixels de largura) e veja se ainda é legível e funciona. Enfim, preocupe-se bastante com o design. Não deixe que um grande conteúdo perca a oportunidade de ser apresentado a um leitor porque a capa manda toda a credibilidade por água abaixo. É preciso capturar o coração e também os olhos.

Se você não tem as habilidades de um designer, recomendo que contrate um e não se arrisque. Este guia não vai ensinar você a criar e finalizar uma capa, apenas lhe dará os subsídios necessários para que saiba o que pedir e o que cobrar na hora da criação e produção da capa do seu livro. Faça uma busca por "Design de Capas de Livros" no Google e você terá acesso a uma dezena de opções de freelancers e sites especializados no assunto.

A resposta para a pergunta de um milhão de dólares aqui é: uma capa profissional é meio caminho andado para vender. Uma capa amadora, se não mata completamente o livro, destruindo sua credibilidade, vai prejudicar muitas vendas, mesmo que o conteúdo tenha um enorme potencial.

Bons livros de capas ruins têm no marketing, meios de ganharem a credibilidade do leitor, independente da capa. Como estamos falando de autopublicação e sob a premissa de que você mesmo promoverá suas vendas, a excelência da capa é o primeiro item a ganhar um "check" no seu plano de marketing.

Caso queira se aprofundar no design de capa, confira um livro que escrevi sobre o assunto chamado "Capas Que Vendem - Os Segredos das Capas de E-Books que Vendem". Eu também disponibilizo um serviço específico para a criação de capas em www.livrosquevendem.com/capas.

Dez dicas para criar uma boa capa

1. Contrate um Profissional.
2. Nunca utilize o templates padrão de capas das livrarias online.
3. Seja LEGÍVEL.
4. Contraste é fundamental.
5. Evite o fundo branco.

6. Realce suas palavras-chave.

7. Crie uma identidade visual própria.

8. Tenha cuidado com imagens.

9. Tenha cuidado com cores, elas dizem muito.

10. Tipografias também vendem.

Principais Lições

• Seja LEGÍVEL.

• Crie uma capa PROFISSIONAL. Para isto, contrate um PROFISSIONAL.

Diagramação e Formatação

"A verdade não é complexa, nós é que somos."
Oscar Wilde

Neste capítulo, você aprenderá como diagramar e formatar seu original e a capa para a publicação do e-book no KDP (Kindle Direct Publishing), o sistema de publicação digital da Amazon.

Passo 1 - Prepare o arquivo do conteúdo (miolo)

Coloque o conteúdo do seu livro em um arquivo Word, editor de texto da Microsoft, o que resultará em um *.doc* ou *.docx*. Se ainda não está, copie o conteúdo de onde quer que esteja e cole-o no Word.

As versões do WORD variam bastante, então, usarei as nomenclaturas mais comuns dos comandos e caberá a você identificar, na sua versão, onde eles se encontram. Caso tenha dificuldades com isto devido às diferenças de versões, faça uma busca no Google do tipo "Formatar Documento Word 2007", onde "formatar documento" é o comando e "2007" a versão do programa.

Vamos às etapas:

1. Defina os Estilos

Prepare os estilos do Word para se adequarem a cada uma dos itens do seu conteúdo. Chamo de itens os títulos, subtítulos, parágrafos, citações, legendas e qualquer outro tipo de formatação de conteúdo específico que se repetirá nas diferentes áreas da publicação.

O segredo está em você configurar todos os estilos antes para depois aplicá-los nos itens, o que facilita bastante o trabalho.

Primeiro, habilite o "mostrador de estilos" conforme realçado na figura abaixo.

Fica mais fácil acompanhar as formatações ao longo do arquivo. Todo o documento passará a conter caracteres especiais mostrando espaçamentos, quebras e parágrafos, conforme a figura a seguir.

"Um·vento·azedo·penetrou·através·da·janela·despedaçada.
·A·noite·soltou·um·gemido·que·reverberou·pela·sala·vazia
þ·fez·dançar·a·chama·brilhante·da·última·vela·acesa. "¶

Apenas os títulos, subtítulos, subseções, imagens e parágrafos devem terminar com o marcador mostrado no final da figura.

Títulos

Assim, configure o estilo "Título 1" para os títulos dos capítulos, "Título 2" para subtítulos e "Título 3" para um terceiro nível de destaque dentro dos capítulos, caso hajam. Para fazer esta configuração, clique com o botão direito sobre o estilo desejado e escolha "Modificar".

Títulos e subtítulos geralmente utilizam fontes em negrito e possuem um espaçamento maior entre linhas. Todas as formatações estão disponíveis nesta tela "Modificar" e também no submenu "Formatar" que fica na parte de baixo dela, à esquerda.

Textos e Citações

Configure o estilo "Normal" para os parágrafos de texto. Não use tabulação para recuar a primeira linha, pois não funciona no e-book. Para isto, clique em "Modificar", em seguida em "Formatar" selecione "Parágrafo", na aba "Especial", escolha "Primeira Linha" e insira a distância em centímetros em "Por". Para uma melhor apresentação no e-book, justifique os parágrafos, ao invés de alinhá-los à esquerda. A justificação alinha os parágrafos tanto a direita quanto a esquerda, distribuindo as palavras gerando uma visualização mais agradável. Utilize o mesmo procedimento para configurar estilos para citações e legendas de imagens, caso as utilize.

Aplique cada estilo ao seu referido item. Para isto, basta selecionar e clicar no respectivo botão: "Título 1" para títulos, "Normal" para textos e assim por diante.

Importante: Não utilize tabelas. Caso queira inserir tabelas, a melhor forma é transformá-las em imagens. Evite marcadores especiais, os "bullet points", referências, tabulações, fontes especiais, cabeçalhos e rodapés, pois eles poderão apresentar problemas no Kindle. Se quiser criar uma lista, use as listas numeradas ou trate linha por linha, inserindo o número e tratando cada linha como se fosse um parágrafo. Isto garante um visual mais bacana nas diversas versões do aplicativo Kindle e telas.

Utilize a quebra de página ("Inserir > Quebra de Página") após o parágrafo final de cada capítulo, incluindo capa, folha de rosto, sumário e apêndices, se houver.

2. Insira imagens (se houver)

Para inserir uma imagem, nunca copie e cole de outro programa ou da Web. Vá até o menu "Inserir", clique em "Imagem" e selecione o arquivo com a imagem desejada em seu computador. Importante: para o e-book, o ideal é que as imagens estejam no formato JPEG. A largura máxima ideal é de 1280 pixels.

Evite utilizar muitas imagens ou imagens muito pesadas, pois elas influenciam no peso geral do arquivo, o que pode comprometer parte de seus royalties na Amazon. Quanto maior o peso, maior é o custo de download descontado. Na venda de poucos exemplares talvez isto não seja tão crítico, mas com vendas mais vultosas, este custo fará muita diferença.

3. Inclua o Sumário

Em um e-book, a "navegação" é feita através de *hyperlinks*, como na Internet. Assim, não é necessário inserir a numeração de páginas no índice ou sumário de seu livro.

Para que funcione, o ideal é que o livro já esteja totalmente formatado com seus estilos para títulos, subtítulos, subseções e parágrafos aplicados. Para criar um Sumário, coloque o mouse sobre o local onde ele irá entrar – de preferência entre a folha de rosto e o prefácio – e clique em "Referências" e, em seguida, no botão "Sumário".

Escolha o número de níveis que você quer mostrar. Se forem dois níveis, escolha 2 em "Mostrar Níveis". Marque a caixa "Usar hyperlinks em vez de números de página". Desmarque a caixa "Mostrar os números de Página", que é utilizada apenas para impressões em papel.

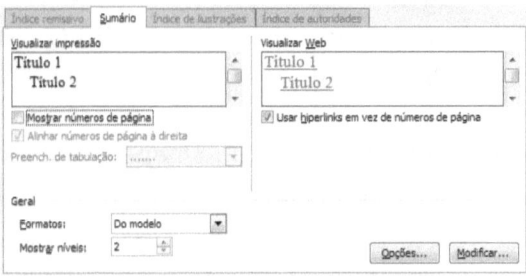

O sumário precisará ser atualizado sempre que você fizer alterações no livro, como a inserção ou alteração de um capítulo, subtítulo ou subseção.

4. Inclua os Indicadores

O Kindle permite que o leitor navegue pelo livro, através do índice dinâmico e também pode redirecioná-lo para a página inicial e para o próprio sumário. Use "Indicadores" para fazer estes links.

Para a página inicial do livro, clique na primeira linha da folha de rosto do livro, clique em "Inserir", em seguida em "Indicador" e insira o indicador com o título "start", em minúsculas e sem as aspas. Para o sumário, insira o indicador "toc" (abreviatura de *table of contents*) logo antes do próprio sumário.

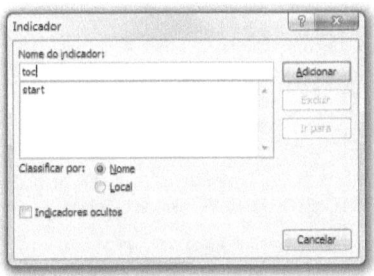

5. Inclua Links (se desejar)

Você pode incluir links externos para websites ou materiais de apoio em seu e-book. Para isto, basta copiar o link da web, selecionar a palavra ou frase que deseja linkar e clicar em "Inserir Hyperlink" (Control + K). Apenas certifique-se de que todos os links incluídos no livro estão funcionais.

Por exemplo, meu site e blog estão em eldessaullo.com. Repare que o link fica destacado em relação ao restante do texto.

Evite os encurtadores de URL. Além de não serem confiáveis, é muito melhor para o usuário visualizar os links.

Passo 2 - Prepare o arquivo da Capa

Prepare a imagem da capa do seu e-book em um arquivo JPEG com 1000 pixels de largura e 1500 pixels de altura. É bom lembrar que um e-book não possui contracapa ou lombada, apenas a capa.

Pronto. Você tem em mãos os arquivos – miolo e capa – necessários para submeter seu e-book ao KDP. No próximo capítulo, você vai saber exatamente como fazer isto.

Chegou a hora de publicar seu e-book na maior livraria do mundo...

Como Registrar os Direitos Autorais do Seu Livro

Para registrar os direitos autorais do livro, siga os passos:

1. Preencha o Formulário da Biblioteca Nacional

Acesse a página sobre direitos-autorais no site da Biblioteca Nacional em https://www.bn.gov.br/servicos/direitos-autorais

Baixe o Formulário de Requerimento de Registro ou Averbação no formato PDF. Se é um novo livro é Registro, se é uma alteração em um livro já registrado é Averbação. Imprima-o. Para preenchê-lo, basta seguir as instruções dos campos no próprio formulário.

2. Pague a GRU

Gere a Guia de Recolhimento da União (GRU) no site abaixo: http://arquivo.bn.br/portal/index.jsp?nu_pagina=69

Pague a GRU no Banco do Brasil (no banco ou pela Internet) e guarde o comprovante.

3. Imprima uma cópia do original e rubrique

Imprima uma Cópia do seu livro em papel A4 com as folhas numeradas. Rubrique cada uma das páginas.

4. Separe os documentos necessários

Tire uma cópia do seu RG ou CPF e do Comprovante de Residência (deve ser do mesmo que você preencheu no Formulário de Requerimento). Não precisa autenticar.

5. Reúna tudo

Em um envelope grande, coloque:

a) A cópia do livro em A4 rubricada
b) A cópia do RG ou do CPF
c) A cópia do Comprovante de Residência
e) O comprovante de pagamento da GRU
f) O Formulário de Requerimento Preenchido e Assinado

6. Envie para a Biblioteca Nacional

Você pode entregar pessoalmente em um Posto Estadual (confira os endereços na Internet) ou, o que é melhor, pelos Correios. Envie para:

Escritório de Direitos Autorais – Palácio Gustavo Capanema

Rua da Imprensa, 16, Sala 1205 – Castelo
Rio de Janeiro – RJ – 20030-120

7. Aguarde o Certificado de Registro ou Averbação

Aguarde 90 dias para receber o Certificado de Registro ou Averbação (ou um comunicado, caso haja algum problema ou solicitação por parte da Biblioteca Nacional). Guarde o certificado e, caso seja preciso, apresente ao juiz.

Agora sim, você pode publicar seu livro no KDP.

Como Publicar seu e-book no KDP?

"Sempre imaginei que o paraíso fosse uma espécie de livraria".
Jorge Luis Borges

Considerando que você já tem os arquivos do miolo e da capa em mãos, a primeira ação a fazer é abrir uma conta no KDP – Kindle Direct Publishing – da Amazon. Se você já tem um login na livraria da Amazon, pode utilizá-lo. Caso contrário, crie um em:

https://kdp.amazon.com/self-publishing/signin

Você deverá fazer o cadastro completo, concordar com os termos do serviços, informar seus dados pessoais ou de empresa, caso seja um editor, além dos dados de pagamento dos royalties sobre as vendas de seus livros. Não vou entrar em detalhes porque todo o processo é muito bem sinalizado na Amazon. Caso tenha dúvidas, todos os campos dos formulários possuem um (O que é isto?), assim mesmo, entre parênteses. Cada um deles traz instruções detalhadas e atualizadas sobre cada campo.

Você também precisa preencher um formulário sobre impostos nos EUA. Trata-se basicamente de responder que você não é Americano, não mora nos Estados Unidos e assinar digitalmente. Se você é Americano ou mora nos Estados Unidos, saberá responder com as devidas informações de números de registros e dados solicitados.

Com o cadastro OK, você verá uma lista vazia, onde serão listados todos os seus e-Books. Clique em "Criar um novo livro > + eBook Kindle".

O cadastro do livro é relativamente simples, bastando preencher os formulários sequenciais, dividido em três seções. Você precisará preencher as informações das abas principais:

- Detalhes do eBook Kindle
- Conteúdo do eBook Kindle
- Preço do eBook Kindle

Primeira Parte – Detalhes do eBook Kindle

O formulário de detalhes contém as seguintes áreas em uma única página:

1. **Idioma:** informe o idioma do seu livro.

2. **Título do Livro:** informe o Título e o Subtítulo (se houver) do seu livro.

3. **Série:** se seu livro faz parte de uma Série, informe o nome da série e o volume.

4. **Número da Edição:** informe o número da edição (opcional).

5. **Autor ou Colaborador Principal:** insira seu Nome e Sobrenome de autor.

6. **Colaboradores:** se há colaboradores adicionais, como um ilustrador, por exemplo, inclua. Basta inserir o nome e sobrenome nos campos e clicar no botão Adicionar.

7. **Descrição:** insira o texto que descreve seu livro. Use muitas palavras-chave de acordo com o tema ou trama do seu livro. Seja persuasivo.

8. **Direitos de Publicação:** se você é o detentor dos direitos autorais, marque a primeira opção "Eu possuo os direitos autorais e os direitos de publicação necessários". Caso contrário, marque a

segunda opção: "Este é um livro de domínio público".

9. **Palavras-Chave:** nos campos, insira sete palavras-chave. Não repita palavras que já aparecem no título, subtítulo ou na descrição do livro.

10. **Categorias:** clique em "Definir Categorias" e escolha duas categorias para seu livro e depois clique em Salvar. Recomendo que você escolha duas categorias bem específicas.

11. **Intervalos de idade e série escolar:** informe se o livro possui alguma faixa etária específica (opcional) ou se é destinado a algum nível escolar (também opcional). Recomendo marcar apenas se for um livro infantil ou escolar.

12. **Opção de publicação:** selecione se você vai disponibilizar seu livro para a venda imediata ou para pré venda. Neste último caso, cuide para

cumprir a data de entrega do arquivo final para não perder esta opção no futuro.

Com as informações da primeira parte preenchidas, clique em "Salvar e Continuar". Você será redirecionado para a tela seguinte "Conteúdo do eBook Kindle". Se não quiser fazer tudo de uma vez, pode clicar em "Salvar como Rascunho" para deixar as informações gravadas e retornar a elas depois.

Segunda Parte – Conteúdo do eBook Kindle

Nesta tela, você vai carregar os arquivos do miolo e da capa que preparou anteriormente.

1. **Manuscrito:** nesta área você faz o upload do miolo, do arquivo .doc ou .docx contendo o conteúdo do seu e-book. Se você deseja proteger seu livro usando o sistema de DRM (*Gerenciamento de Direitos Digitais*) da Amazon, marque SIM nas opções. Além do .doc e .docx, você pode subir arquivos em *HTML, MOBI, ePub, RTF*, texto sem formatação e *KPF*. Minha recomendação é pelo .doc ou .docx. Clique no botão "Procurar" e carregue o arquivo com o conteúdo de seu livro. Após o carregamento e

conversão, o sistema retornará uma mensagem de sucesso ou erro.

2. **Capa do eBook Kindle:** clique em Procurar e carregue a imagem da sua **capa profissional.** Não use templates ou capas amadoras! Não use um criador de capas da galeria do KDP! Após o upload da capa, o sistema retornará uma mensagem de sucesso ou erro.

3. **Pré-**Visualização do eBook Kindle: após o upload do miolo e da capa, será possível visualizar seu livro em um simulador do Kindle. Clique no botão "Iniciar Pré-Visualizador". Uma nova tela se abrirá.

> (a) Navegue pelo seu livro para checar se tudo está funcionando bem. Se algo não estiver bom, será preciso ajustar no WORD e carregá-lo novamente na área "Manuscrito".

> (b) Clique em "Índice" e confira se os indicadores de início, capa e índice estão funcionando.

(c) Visualize como o livro será apresentado em outros dispositivos.

(d) Clique no ícone da casinha para retornar ao formulário.

4. **ISBN do eBook Kindle:** E-books não precisam, mas se houver um ISBN, informe. Informe se há uma editora. Se for autopublicação, deixe em branco.

Com as informações da segunda parte preenchidas, clique em "Salvar e Continuar". Você será redirecionado para a tela seguinte "Precificação do eBook Kindle".

Terceira Parte – Precificação do eBook Kindle

Nesta tela, você se inscreve no KDP Select e determina os territórios e preços de seu e-book nas diversas lojas internacionais e na loja brasileira da Amazon.

1. **Inscrição no KDP Select:** inscreva seu E-book no KDP Select. Ele precisará ser exclusivo da Amazon por três meses, mas vale a pena. A cada 90 dias, você pode promovê-lo gratuitamente por cinco dias. Além das promoções, ganha 70% de royalties ao invés de 35% e seu livro pode ser lido no Kindle Unlimited, o que significa royalties por página lida.

2. **Territórios:** informe os territórios de publicação. Se escolher "Direitos Globais" não precisará escolher os países de forma individual. Recomendo que selecione a primeira opção "Todos os Territórios (Direitos Globais)".

3. **Royalties e Preços:** nesta área, você determina o preço do seu E-book em cada loja da Amazon disponível no mundo. Minha recomendação é que escolha 70% no plano de royalties e informe um preço para as lojas principais *"amazon.com"* e *"amazon.com.br"*. Para as outras lojas, deixe o preço atrelado em dólar. Basicamente, selecione a loja e informe o preço. Confira os royalties, taxas e custo de entrega em cada uma delas. Ao escolher 70%, o campo "preço sugerido" mostrará os preços mínimo e máximo para o plano de 70%. Você também pode clicar em "Basear o preço em todas as lojas neste preço". Eventualmente, você pode baixar o preço para ampliar o alcance do seu livro e mudar para o

plano de 35%, o que pode significar menos receitas, mas pode ser compensado com mais vendas.

4. **Match Book:** cadastrar o livro no Kindle Match Book dá o direito aos clientes que compraram seu livro impresso na Amazon de comprar seu e-book por um valor diferenciado. Marque e escolha o preço ou se isto será gratuito.

5. **Empréstimo de livros:** marque para permitir o empréstimo do e-book para amigos e familiares.

6. **Termos e condições:** ao publicar seu livro, você estará automaticamente concordando com termos e condições da Amazon.

Com as informações da terceira parte preenchidas, clique em "Salvar e Continuar".

Meus parabéns! Você acaba de se tornar um autor publicado na Amazon, a maior livraria do mundo. O prazo para que ele seja listado e disponibilizado na Amazon é de 48 horas, caso não haja problemas. Você também receberá um e-mail com instruções para promovê-lo e com mais informações sobre o KDP após a aprovação ou uma mensagem específica, caso a equipe do Kindle encontre algum problema.

Como Promover seu Livro e se Promover como Autor?

"90% do sucesso se baseia simplesmente em insistir".
Woody Allen

A primeira lição que aprendi com vendas foi que você não vende um produto, um serviço, um livro. Você vende a satisfação, o resultado ou a mudança, para melhor, que a compra fará no seu cliente. Se houver insatisfação, resultados negativos, se não causar qualquer mudança ou uma mudança para pior, seu produto, serviço, livro, terão problemas comerciais. Então, você não vende um livro, vende o efeito positivo que ele causará em seu leitor.

A segunda lição, que pode dar calafrios em quem escreve, é que "vendas é estatística". Se você recebe mil visitantes em seu site, uma parcela se interessa, outra parcela menor compra. A taxa de conversão média do e-commerce brasileiro é de 0,64%. Assim, seu trabalho principal como "marqueteiro" deve ser direcionar tráfego qualificado para a página de vendas do e-book na Amazon.

O modelo de vendas A.I.D.A. – Atenção, Interesse, Desejo e Ação – será o guia para a construção do plano de marketing do seu livro. Através dele, você tem uma visão ampla de todas as etapas de um processo de compra e como pode atuar em cada um delas até a tomada de decisão de seu leitor. São elas:

Atenção

Chame a atenção do seu futuro leitor através do seu website, blog, das redes sociais – Facebook, Twitter, Linkedin, Flickr, Pinterest, Youtube ou de outro canal de comunicação online ou off-line. O futuro leitor lê um post ou vê uma foto ou assiste a um vídeo sobre você e seu livro que capturam sua atenção.

Interesse

Seu post, imagem ou vídeo despertam o interesse do seu futuro leitor e ele se cadastra no seu site ou blog, curte sua Fan Page no Facebook, torna-se seu seguidor no Twitter, favorita seu canal no Youtube.

Desejo

O leitor te segue há algum tempo, é um visitante assíduo do seu blog, curte e compartilha seus posts, te retuíta e comenta seus vídeos. Você desperta nele, então, o desejo de conhecer mais seu conteúdo.

Ação

O ápice do modelo é quando o leitor compra seu livro, escreve uma resenha sobre ele e ajuda no boca a boca, comentando com seus amigos. Mas, para que isto ocorra, a lição do primeiro parágrafo deste capítulo deve ter sido absorvida antes mesmo de começar a escrevê-lo: venda resultados, transformação, e não produtos.

As recomendações que posso fazer para você são:

1. Tenha um Plano de Marketing

O Plano de Marketing é um documento que detalha estratégias, objetivos e ações para a promoção de um produto. Um plano completo de marketing é assunto para vários livros, então, listarei apenas os pontos principais na estratégia de marketing de um livro:

Produto

Descreva seu livro, você como autor, seu livro e seus principais objetivos. Liste as estratégias de promoção que você pretende desenvolver com relação a:

(a) Posicionamento do título no mercado;

(b) Contratação de uma equipe de apoio, temporária ou fixa, para te dar suporte em qualquer uma das áreas de produção e promoção do livro;

(c) Tipos de subprodutos seu livro pode gerar, desde newsletters até uma franquia de filmes;

(d) Tipo de pessoas se destina seu livro;

(e) Parceiros que podem ajudá-lo a promover seu livro, através da troca de links ou indicações;

(f) Evoluções possíveis com relação a futuras edições e ou desdobramentos em séries;

(g) Ações de marketing que pretende implementar para promovê-lo.

Praça

Analise e descreva qual o cenário social, político, econômico, demográfico e tecnológico vigente e como essas variáveis podem impactar seu livro. Faça um levantamento de vendas por segmento e região dos livros na sua área de especialidade, quais são os Best Sellers, quem são os autores concorrentes que escrevem sobre os mesmos assuntos que você, como é a percepção de cada um deles no mercado, quais são suas forças e fraquezas, há quanto tempo estão na estrada, que meios utilizam para se promover e que outros produtos vendem a partir de seus títulos.

Público-Alvo (ou Leitor-Alvo)

Tente definir o perfil do seu leitor, quem ele é, o que procura, onde compra, como costuma comprar e que tipo de livro prefere. O "hub" e as redes sociais podem te ajudar muito nesta tarefa, através dos relatórios disponíveis de perfis de acesso e visitas do blog, engajamento, alcance e influência dos seus perfis e páginas junto a seus fãs e seguidores, entre outros. Descubra quem é seu público, que livros compram dentro do seu segmento, que blogs ou websites frequentam para aprender e discutir na área do seu livro.

Preço

Uma boa estratégia de preço é fundamental para suas vendas. Analise seus concorrentes, quanto cobram por seus e-books, por seus livros impressos, pelas assinaturas de seus programas de treinamento. Tome cuidado para não praticar preços absurdos e assustar seu público-alvo ou preços muito baixos, que podem deixar o comprador receoso quanto à qualidade do seu livro.

Promoção

Liste todas as estratégias promocionais que podem ser tomadas: e-mail marketing para sua base de "clientes", campanhas de links patrocinados, social media ads, cadastro em listas, diretórios e mecanismos de buscas, ações de endorsement, banners, mídia especializada on e off-line, relações públicas, eventos promocionais, ações de vendas cruzadas e quaisquer outras ideias promocionais.

Existem planos e investimentos de marketing que variam de acordo com a profundidade do bolso ou disponibilidade de seu dono. Sucesso ou fracasso dependem de variáveis como capacidade de investimento, tempo e comprometimento de quem executa.

O segredo do sucesso está no trio foco + determinação + equipe. Então, para ter foco e também para avaliar os resultados, é preciso descrever quais são seus objetivos em números. Lembre-se que objetivos vagos geram resultados vagos

1. Quantos livros pretendo vender em X meses?
2. Quantos fãs, seguidores, assinantes terei em X meses?
3. Quantos livros vou publicar em X anos?
4. Quantas páginas vou escrever em X dias?

Somente com os objetivos definidos é possível definir que tipos de tarefas você e sua equipe precisarão encarar para que as metas sejam cumpridas. No campo da ação, as perguntas que você deve responder são:

1. O que é preciso fazer para que a estratégia seja executada?
2. Quem fará, quando e quanto tempo levará?
3. Quanto custará cada uma das tarefas?

Crie um orçamento, que pode variar do básico ao agressivo, dependendo do bolso e de suas intenções. Mas tenha em mente que a autopublicação pode gerar custos como a abertura de uma empresa, com a aquisição de ISBNs, editoração, preparação dos arquivos, design, revisões, traduções, criação, produção e manutenção de plataformas como blogs, sites ou redes sociais, provas e reproduções impressas e até mesmo custos de estoque de livros impressos, caso o volume de vendas cresça a ponto da publicação sob demanda não ser mais suficiente para atender o mercado.

Na imagem a seguir, veja um exemplo de orçamento, com linhas de despesas, receitas e o resultado.

INVESTIMENTOS "TITULO DO LIVRO"

DESPESAS

	USD	BRL
Cópias de Autor + Entrega	234,00	491,40
Links Patrocinados	350,00	735,00
Facebook Ads (15/11 a 23/11)	290,00	609,00
Despesas Totais	**874,00**	**1.835,40**

RECEITAS

Cópias Vendidas E-book	1.982	
Preço de Capa	4,99	10,48
Royalties (35%)	3.461,56	7.269,28
Cópias Vendidas Impresso	2.304	
Preço de Capa	11,89	24,97
Royalties (50%)	12.601,50	26.463,14
Vendas Totais	37.284,74	78.297,95
Royalties Totais	**16.063,06**	**33.732,43**
Resultado	15.189,06	31.897,03

*Dolar R$2.10

Exemplo de planilha de orçamento simples

Se você conseguir responder todas as perguntas colocadas neste capítulo, definir uma estratégia consistente com um plano de tarefas detalhado e tiver determinação e foco para executar ou cobrar a execução, as chances de obter sucesso com seu livro se multiplicam.

2. Crie um "Hub"

A primeira etapa de sua estratégia de marketing para poder promover seu livro ou seus livros com eficiência, é a criação de um "hub", um website de autor, um porto seguro onde todas as suas ações convergirão, com a finalidade de alavancar cada um dos títulos que lançar e também você mesmo, o autor.

O "hub" e as redes sociais são os maiores ativos que um autor independente pode ter hoje. O primeiro porque transforma as informações de seus livros em páginas que, quando indexadas pelos buscadores e referenciadas por sites de blogs de terceiros, transformam-se em uma plataforma "eterna" de marketing.

Por que eterna? Por que crescem com o tempo, com os links e backlinks, com a otimização e escalada do posicionamento nos buscadores, páginas que podem e devem ser usadas para promover novos lançamentos futuros, pois são constantemente acessadas devido às suas referências.

Quanto às redes sociais, a importância é óbvia, já que são a maneira mais rápida de agrupar e construir uma comunidade de pessoas com os mesmos interesses. Elas são extremamente fáceis de publicar e compartilhar uma história ou ideia e já possuem ferramentas integradas e simples para iniciar e dar seguimento a uma conversa com o objetivo de gerar interesse e construir confiança.

Seu "hub" pode ir crescendo com o tempo, de acordo com as necessidades. Um aspecto importantíssimo é o visual. Seja adequado ao seu público e ao tema do seus livros e faça bonito. Nada pior para a credibilidade do que amadorismo.

3. Crie um Blog

Faça um blog, é mais fácil de atualizar e as ferramentas disponíveis hoje em dia facilitam bastante a integração com outras plataformas, incluindo redes sociais. Ferramentas como WordPress ou Blogger têm diversos modelos que irão se adequar ao seu perfil. Poste, pelo menos, uma vez por semana.

Mas não se contente com os planos grátis, compre e utilize um pacote com um domínio próprio, como seu nome ou o nome do seu livro ou série. Lembre-se que o objetivo principal é criar o "hub", o ponto central para onde convergirão todas as suas ações promocionais e o domínio próprio contribui muito para a indexação dos buscadores.

Além da aba blog, onde estarão suas atualizações regulares, seu "hub" deve conter, pelo menos, as páginas "sobre", com sua biografia, "publicações", com detalhes, links para compras, sumário e downloads de primeiro capítulo de cada um dos seus livros publicados, e "contato", com todas os meios de contatá-lo.

Crie e mantenha uma rotina periódica de atualização do seu blog - diária, semanal, quinzenal - disciplinada e frequente. Poste textos curtos, um vídeo, uma foto e compartilhe com toda a sua rede.

4. Crie Comunidades

Crie uma Fan Page no Facebook, perfis no Twitter, no Google+, no Linkedin e no GoodReads e um canal no Youtube. Você pode contratar profissionais para cuidar disto para você ou fazer você mesmo. Tutoriais sobre a configuração e manutenção destas "páginas" têm de sobra na Internet.

O importante é que todas elas estejam integradas ao seu blog ou website, com atualizações automáticas, levando e trazendo tráfego, gerando uma corrente de leitores atuais e futuros ao redor do seu "hub". Mas tenha em mente que cada rede social exige uma estratégia de conteúdo e atualização específicas.

O Facebook pode ter uma atualização menos frequente, de três a cinco vezes por semana. Nele, você pode interagir através de posts, links e notas, além de promover seus eventos – uma noite de autógrafos, por exemplo.

No Twitter, através de atualizações diárias mais frequentes, você pode se engajar em conversas mais dinâmicas com seus seguidores, participar de discussões através das #hashtags e ampliar o tráfego para seu "hub".

No Linkedin, o objetivo é construir sua reputação junto à rede de profissionais da sua área de especialização, participando de discussões, colocando questões e criando seus próprios grupos.

No Google+ você pode postar artigos mais profundos, criar círculos abertos ou privados para compartilhamento e colaboração, além de fazer "hangouts", conversas em vídeo com seus fãs e outros grupos.

No GoodReads, você participa de uma grande comunidade de autores, fica por dentro de eventos e compartilha seus gostos e leituras.

No Youtube - com um vídeo novo por semana, quinzena ou mês, com dicas, trailers de livros e o que mais lhe vier à cabeça com uma câmera na mão - você constrói uma comunidade de fãs do seu canal.

O aprofundamento nas estratégias de cada uma destas redes foge do escopo deste livro, mas literatura é o que não falta nesta área.

5. Crie Links

Insira botões com links em todas as suas páginas e perfis e também no seu "hub" para a página de venda de seu livro na Amazon. Sempre que postar um artigo em seu blog, coloque uma imagem da capa e um botão de comprar redirecionando para a Amazon.

Ferramentas Para Divulgar Seu Livro

Vamos falar um pouco sobre as ferramentas disponíveis para promover seu livro de forma sazonal, já que o "hub" e as redes sociais cuidarão da promoção perene. Para cada uma delas existe uma dezena de bons tutoriais na Internet, cada uma delas exige um planejamento estratégico. O objetivo aqui é somente listá-las. São elas:

Links Patrocinados (PPC):

Link patrocinado é um formato de anúncio utilizado pelos mecanismos de busca como Google e Yahoo, que geralmente contêm um título, uma descrição do produto ou serviço e um link que redireciona para o website ou página do anunciante. O anúncio é mostrado nos resultados de busca, relacionados à palavra-chave ou conjuntos de palavras buscadas.

O anunciante só paga quando alguém clica no anúncio, por isto o nome PPC, "Pay-Per-Click" ou pague por clique. Este valor é conhecido como "Custo por Clique" e depende de diversas variáveis, tais quais número de buscas feitas com a palavra-chave, valor do lance por clique dado pelo anunciante e posicionamento do anúncio na página.

O link patrocinado tem duas grandes vantagens para o anunciante: ele decide que valor quer gastar por dia e pode alterar informações da campanha na hora que quiser, ampliando ou reduzindo a segmentação, o orçamento diário e criando anúncios parecidos para fazer testes de performance.

Um dos maiores erros dos anunciantes de Links Patrocinados é criar um único anúncio e direcionar para uma homepage com vários assuntos, produtos e distrações.

A forma mais eficiente é criar vários anúncios dentro de uma campanha redirecionados para várias landpages, mesmo que estas tenham o mesmo conteúdo e fazer testes comparativos A e B, tanto para os anúncios quanto para as páginas.

O anúncio e página que têm um ROI – Retorno Sobre o Investimento – maior são mantidos, enquanto as versões que convertem menos são descartadas e trocadas por novas versões, com o objetivo de superar as vencedoras.

O ideal é que essas "rodadas" de testes sejam feitas em períodos curtos, mantendo-se um histórico do que foi testado e que títulos, descrições e links converteram mais. Os principais sistemas de Links Patrocinados são:

Google Adwords
http://adwords.google.com

Yahoo!
http://advertisingcentral.yahoo.com/searchmarketing/pt_BR

Microsoft AdCenter
https://bingads.microsoft.com

UOL Links Patrocinados
http://linkspatrocinados.uol.com.br

Esteja atento para o seu orçamento. Link patrocinado é uma boa estratégia para lançamento – para tornar seu livro ao menos um pouco conhecido – mas não é uma boa estratégia para sustentação de vendas. O *ticket* médio de um livro é muito baixo e, de acordo com o custo da palavra-chave, o clique com certeza sairá mais caro do que você receberá pela venda de uma cópia do livro.

Social Media Ads

Os anúncios em redes sociais são muito parecidos com os Links Patrocinados. A principal diferença o fato de não estarem atrelados às buscas. São exibidos nos murais, feeds e páginas de redes sociais como Facebook, Twitter, Google+ e Linkedin, de acordo com os perfis demográficos, geográficos e psicográficos dos usuários.

O anunciante pode segmentar o anúncio de acordo com as preferências, regiões e diversas outras categorias, listadas com base nas informações que os usuários postam, compartilham, curtem e cadastram em seus perfis. Em todos eles é possível estabelecer valores de investimentos diários, fazer testes A e B e alterar os anúncios em tempo real buscando ROIs cada vez maiores.

Os principais sistemas de anúncios de redes sociais são:

Facebook Ads
http://www.facebook.com/business/connect

Linkedin Ads
http://www.linkedin.com/advertising

Twitter Ads
http://ads.twitter.com

E-mail Marketing - Newsletters

Considero o e-mail a ferramenta mais poderosa de marketing para o escritor nos dias de hoje. Primeiro porque você constrói uma lista de contatos diretos que não depende de terceiros. O Facebook, o Google, o Youtube mudam suas políticas a todo o momento.

Um dia você atinge 90% de seus fãs com um post orgânico, no dia seguinte, com a mudança de um algoritmo, precisa pagar para obter o mesmo alcance. Com o e-mail não, você se relaciona diretamente com seus leitores e aquela lista é sua para sempre, cabendo a você cuidar, nutrir e se relacionar bem com ela.

Segundo porque no momento em que você vai lançar o livro seguinte, já não precisa partir do zero e pode começar com boas vendas apenas dentro da sua lista.

O e-mail é a peça mais contundente de marketing digital e a que gera mais retorno. O e-mail é algumas dezenas de vezes mais eficiente que um anúncio, porém, muito mais nocivo se for utilizado de forma indevida, como um SPAM, por exemplo.

Um autor pode utilizar o e-mail para o envio de newsletters - mantendo seus leitores atualizados com as últimas notícias, artigos, vídeos, podcasts e qualquer tipo de evento relacionado ao universo do livro e do próprio autor.

Pode utilizá-lo também para o envio de e-mail marketing – anúncios, similares aos que recebemos em casa sobre assinatura de revistas ou ofertas de produtos – para incentivar a compra de um ou mais livros, webinars, cursos e treinamentos. Pode até programar e-mails diários, semanais ou mensais e deixar tudo no automático.

Uma newsletter pode e deve conter áreas de marketing, mas o foco principal é a informação e não o comércio. Tome muito cuidado para não sair vendendo de cara, construa um relacionamento antes com seu leitor.

Com relação ao e-mail, alguns conselhos simples e diretos:

1. Construa uma lista consistente com base em seus contatos, relacionamento e coloque um campo para cadastro em seu "hub", blog, landpages e redes sociais.

2. Evite o spam. Envie somente mensagem para quem solicitou e se cadastrou em sua lista.

3. Dê a opção para quem não desejar mais recebê-lo poder ser excluído da lista.

4. Seja leal com seu leitor. Dispare somente quando tiver algo relevante e dentro de uma periodicidade que não irrite o destinatário, obrigando-o a se descadastre da sua lista.

5. Seja cuidadoso na composição da mensagem, valorize o relacionamento, capriche no design, escreva corretamente – cuide da ortografia e da gramática – e, antes de tudo, seja educado.

6. Quanto à comunicação em seu sentido mais amplo, procure ser consistente na mensagem. Consistência significa que o conteúdo da mensagem deve transmitir seu posicionamento e o de seus livros com clareza para o público. A Internet ressuscitou o marketing direto e foi feita sob medida para ele. Reduziu custos de implementação, aumentou as taxas de retorno e permitiu uma avaliação muito mais rápida do que as tradicionais malas diretas. Use o e-mail com eficiência, eficácia e efetividade e comemore os resultados.

Eis algumas boas ferramentas para gerenciamento de suas listas e campanhas de e-mail marketing:

Aweber
http://www.aweber.com

Mad Mimi
http://www.madmimi.com

Mail Chimp
http://www.mailchimp.com

Programas de Afiliados

Um programa de afiliados motiva outros marqueteiros – autores parceiros, blogueiros, profissionais do mercado livreiro ou de outros segmentos – a promoverem seu livro geralmente através de um widget ou códigos inseridos em seus websites ou blogs. Os melhores programas de afiliados são conduzidos por grandes empresas de varejo, pelas maiores livrarias online, que comissionam o integrante do programa quando ele direciona um comprador para seu livro.

O Programa de Afiliados da Amazon é um dos mais poderosos e confiáveis do mundo com um inventário gigantesco de produtos, sem falar que se trata de uma empresa especialista em converter visitantes em consumidores. Portanto, considere implementá-lo em seu "hub". Acesse http://associados.amazon.com.br/ e saiba como.

Outro sistema interessante é o Hotmart (www.hotmart.com.br), um mercado de infoprodutos onde outros afiliados também podem ampliar suas vendas. Considere transformar seu livro em um curso se você escreve não ficção.

Reviews e Avaliações

Aqui no Brasil ainda não é uma prática muito comum, mas nos Estados Unidos existem Programas de Reviews nos quais os autores contratam leitores para fazerem avaliações de seus livros. Alguns são sérios, com avaliações isentas e focadas exclusivamente na qualidade do conteúdo, outros são mercantilistas, o autor paga para ter reviews acima de quatro estrelas. Trata-se de uma ação antiética e perigosa que pode acabar com a reputação de um livro e seu autor, se descoberta.

Os reviews não precisam estar somente nas páginas e ou na contracapa do seu livro. Estes contam muito, principalmente se feitos por famosos, mas, depoimentos e testemunhais sobre você e seu livro nas redes sociais ou uma citação mídia, por exemplo, contribuem para a construção da sua reputação e credibilidade, resultando em mais vendas.

Para conseguir reviews, faça o seguinte:

1. No KDP, crie uma promoção e coloque seu livro de graça.

2. Envie um e-mail para sua lista sobre a promoção e peça, em troca, uma avaliação do seu livro.

Mídia Online

Houve uma época em que mídia online se resumia a banner. Hoje, abrange links patrocinados, anúncios em redes sociais e uma centena de formatos diferenciados de banners até anúncios com vídeos e interatividade. O investimento é geralmente maior do que os formatos de PPC, mas existem opções baratas e até gratuitas de trocas de banners que ajudam a aumentar a visitação do seu "hub".

Mídia Tradicional

Para bolsos mais profundos existe a opção da mídia tradicional, também conhecida como mídia off-line – anúncios em revistas ou jornais, comerciais de TV ou rádio, mídia outdoor ou indoor. O investimento é muito maior, com a vantagem de poder atingir diferentes públicos de forma mais impactante, mas com a desvantagem de não poder monitorar resultados e conversões da mesma forma que a mídia online.

Relações Públicas ou Assessoria de Imprensa

A contratação de uma assessoria de imprensa que trabalhe na divulgação do seu livro também é uma ação que pode trazer bons resultados. Um trabalho bem feito promove você e seu livro através de notas ou notícias em veículos especializados além de abrir espaços para entrevistas e participações como convidado especial em programas de rádio, TV ou eventos.

Eventos

A participação em eventos próprios, como uma noite de autógrafos, ou de terceiros, como um seminário ou palestra com tema relacionado ao seu livro, é um excelente meio de promover vendas e fazer marketing pessoal.

Vendas Cruzadas

Também conhecida com cross-selling, é a venda de produtos combinados para o mesmo cliente. Você pode vender seu livro junto com o ingresso para determinado evento, por exemplo, no modelo "Compre o livro e ganhe o ingresso" ou vice-versa.

Para finalizar este capítulo sobre promoção, saiba que alguém que investe em marketing digital e não monitora ou acompanha relatórios de retorno está jogando dinheiro fora.

O ROI é o sinalizador do sucesso ou fracasso de uma campanha em qualquer mídia. Planeje com cuidado sua campanha, seja claro e criativo buscando ser mais eficiente dia após dia, campanha após campanha, anúncio após anúncio.

Com o tempo, você começará a aguçar os sentidos para formatos, mídias, chamadas e textos que convertem melhor e obterá resultados cada vez mais eficientes.

10 Dicas Práticas Para Vender Mais Livros

1. Construa sua presença digital

Crie seu hub – website e blog - e alimente uma comunidade ao redor dele. Atualize, transforme conteúdos em texto, imagem e vídeo em canais de marketing para seus livros. Interaja, responda a comentários, comente em blogs de outros autores e websites dentro do seu segmento. Permaneça, invista em SEO e escale o ranking de busca do Google e outros buscadores nas palavras-chave do seu segmento. Este é um trabalho árduo que requer tempo e paciência. Tanto no site, quanto no blog, quanto nas landpages dos livros, capture e-mails de seus leitores e construa uma base de e-mails para futuras promoções.

2. Crie uma landpage para seu livro

Crie uma landpage promocional do seu livro. Uma landpage é uma página web única com apenas uma "chamada para ação". Neste caso, a chamada deve ser para a venda. Coloque a imagem da capa, a descrição e um botão bem chamativo de COMPRAR. Você pode criar landpages adicionais para fortalecer seu hub, como páginas específicas para aumentar seu mailing ou promover um evento e trabalhar cada uma delas através das ferramentas promocionais. Crie links entre as landpages e seu hub, insira links para o hub em sua assinatura de e-mail e promova cada uma delas em suas redes sociais.

3. Construa sua Presença Social

Cuide para que todas as redes sociais de que participa saibam que você é um autor. Seja sutil, promova seu livro no Facebook e do Twitter, coloque apenas um post falando do lançamento de cada um e responda perguntas quando solicitado. Participe de TODAS as redes, mesmo que não seja uma participação efetiva. Escolha uma delas para principal e replique conteúdo nas outras. Não deixe que isto tome um tempo precioso que poderia ser destinado a escrever outros livros ou posts. Monte uma rotina de "socialização" diária com tempo limitado.

Avise seus amigos mais íntimos, colegas de profissão e familiares através de um e-mail personalizado ou mensagem direta, peça para que ajudem a divulgar, se possível.

Peça um *review* para quem comprar também. Mas não force a barra, não se torne um marqueteiro chato ou pode ganhar um bloqueio ou ser excluído de algumas amizades.

4. Escolha com cuidado as Categorias na Amazon

Escolha muito bem as categorias do seu livro na Amazon. Uma simples troca ou adição de categoria pode alterar o volume de vendas de um dia para o outro. O importante aqui é escolher duas categorias que mais se encaixam dentro do perfil do seu público-alvo e fazer testes entre as subcategorias para checar em qual delas as vendas são mais expressivas.

5. Divulgue para a imprensa

Crie um press release. Um bom press release deve informar qual é a notícia, por que se trata de uma boa notícia, descrever o livro e o autor, a quem se destina e informar qual a fonte da notícia, neste caso, seus contatos. Tenha em mente que jornalistas procuram boas estórias e não bons livros.

Você também pode contatar jornalistas especializados, que trabalham em meios de comunicação voltados para o tema do seu livro, apresentar-se e fazê-los saber que você está disponível para entrevistas e para comentários sobre o tema.

6. Imprima

Por mais que o e-book venda mais do que a versão papel, é sempre bom ter algumas versões impressas por perto. O Create Space imprime nos Estados Unidos e entrega em qualquer lugar do mundo cópias a custo de autor, mais frete. Um livro impresso, por mais que não vá para as livrarias, satisfaz os "amantes do cheiro do papel", aqueles que relutam a ler através dos novos meios digitais.

Você também pode enviar cópias para a imprensa junto com os releases ou presentear amigos, parentes ou vender as cópias em eventos e palestras.

7. Faça vídeos

Crie um "Book Trailer", um trailer em vídeo do seu livro e coloque no Youtube e no seu hub. Seja breve, no máximo três minutos, transmita o clima do livro, seja direto sem entregar o jogo, utilize uma boa trilha da qual possua direitos ou seja livre e, acima de tudo, entretenha. Vídeo é entretenimento.

Insira links e indicações de como comprar. Crie outros vídeos dentro de sua área de atuação, dê dicas, faça reviews e seja reconhecido em sua expertise.

8. Anuncie

Crie campanhas de lançamento do seu livro, em especial no Google Adwords e no Facebook Ads. Defina um orçamento, controle o investimento, direcione corretamente os anúncios por palavras-chave e por perfil do público-alvo e monitore. Faça campanhas curtas durante o período de lançamento somente, encerre e analise os resultados.

Não utilize o PPC eternamente, já que o ticket médio do livro é baixo e não banca os custos de uma campanha permanente. Você vai acabar gastando mais em anúncios do que recebendo royalties. A estratégia aqui é gerar um buzz em torno do seu livro.

9. Capriche no título e na capa

Como já foi dito, o título é 90% do marketing. Então, cuide para que seu título seja atraente. Crie e produza uma capa profissional. Nunca utilize fundo branco, pois irá desaparecer na Amazon, não abuse de cores nem de tipologias. Observe o contraste entre tipologia e fundo, crie uma identidade visual e, acima de tudo, seja consistente.

10. Publique mais de um livro

Um livro vende, dois vendem mais ainda. Principalmente se os assuntos forem correlatos. As palavras-chave da busca da Amazon e o nome do autor ajudam na referência entre eles, mas você também pode e deve dar uma força, inserindo links cruzados dentro dos livros. Se um leitor gostou do seu primeiro livro, pode já ficar sabendo do segundo antes mesmo de terminá-lo e partir para a compra em um clique.

Eu aprofundo as técnicas de divulgação em meu livro "E-Book Marketing – 50 Maneiras de Promover Seu Livro e Vender Mais", disponível em papel e e-book na Amazon.

Principal Lição

• Se você não vender seu livro, ninguém fará isto por você. Mexa-se! Promova seu livro todos os dias.

Como Acompanhar Relatórios e Vendas?

"O único lugar onde o sucesso vem antes
do trabalho é no dicionário".
Albert Einstein

Para acompanhar as vendas de seus livros no KDP, clique em "Relatórios" no menu superior e escolha uma das opções. Você será redirecionado para o "Painel de Vendas", onde poderá visualizar as transações de vendas de unidades para o mês atual e os meses anteriores até 90 dias passados.

Painel de Vendas

A tela mostra dois gráficos. No primeiro, você visualiza as unidades pedidas pagas (linha vermelha) e gratuitas (linha verde). Alguns KDPs que já contemplam a publicação do livro em papel, mostram essas unidades de livros de capa comum (linha preta). No segundo, você vê as "Páginas KENP lidas". Uma página KENP é quando seu livro é lido através do Kindle Unlimited ou através dos empréstimos.

Você pode filtrar por loja (Amazon.com, Amazon.co.uk, Amazon.com.br etc), por título do livro ou por um período específico. O Painel de Vendas também mostra os Royalties Ganhos.

Unidades vendidas no mês atual

Mostra as transações de vendas de unidades para o mês atual e para o mês anterior.

Royalties dos meses anteriores

Mostra seus royalties dos últimos 12 meses. Esses relatórios são gerados, aproximadamente, no dia 15 de cada mês. Ao clicar em cada mês, você pode fazer download de uma planilha Excel detalhada das vendas.

Promoções

Mostra o desempenho das suas promoções do *"Kindle Countdown Deals"* (atualizado periodicamente durante a duração da promoção).

Pagamentos

Mostra os pagamentos recebidos por suas vendas de livros e a data em que os royalties foram pagos por moeda.

Campanhas publicitárias

Mostra o desempenho da sua campanha publicitária e seu histórico de faturamento. Ainda disponível apenas para anúncios na amazon.com

Pré-vendas

Mostra as unidades vendidas de livros durante a pré-venda. O relatório é atualizado periodicamente à medida que as pré-vendas são registradas. Mais tarde, elas exibidas no seu painel de vendas após o lançamento do livro.

Recomendo que você utilize o Book Report (www.getbookreport.com), uma extensão para os navegadores que transforma os relatórios do KDP com gráficos e possibilidade de filtrar por períodos, sem contar que torna os números mais bonitos e visuais.

Conclusão

Que bom que você chegou até aqui comigo! Antes de terminar, listo sete dicas para você se destacar na multidão de novos escritores que tomou conta do mercado no Brasil desde a chegada da Amazon e seus e-books.

1. Faça Fãs

Você já leu aqui ou em algum lugar que precisa urgente construir sua plataforma de autor. Mas o que é isto? A plataforma de autor é o conjunto de meios que um escritor necessita para ir aonde o povo está. Ela é composta, no mínimo, de um website, de um blog, de presença nas redes sociais que seu público frequenta e de uma lista de e-mails.

No entanto, antes de sair capturando e-mails e arrebanhando fãs e seguidores, faça uma análise profunda do perfil do seu leitor ideal e foque em construir uma audiência que realmente goste do que você escreve e faz. Crie livros, conteúdos e posts de qualidade, sempre atento aos desejos e necessidades do seu público-alvo. Somente desta forma você será capaz de transformar leitores em fãs.

2. Faça com Verdade

O leitor percebe de cara quando você não é verdadeiro e só está ali para satisfazer seu ego ou em busca de dinheiro fácil. Não existe dinheiro fácil, a não ser que você entre para o Congresso Nacional.

Ninguém quer comprar o que você escreve. As pessoas compram o que elas querem ler. Pense nisto!

Se você escreve não ficção, seja honesto sobre o que funciona e o que não funciona. Se você escreve ficção, busque se aprimorar dia após dia na arte de contar histórias.

Seja sincero e transparente com seu leitor e com você mesmo. Não se engane! Pode até ser que você consiga passar um ou outro para trás, porém, depois do advento dos murais, a mentira não tem mais pernas.

3. Faça Relacionamentos

Atrás de cada e-mail, de cada fã e seguidor nas redes sociais, de cada assinante do seu canal no Youtube, existe uma pessoa de carne e osso. Nunca deixe passar uma única oportunidade de criar laços com seus leitores ideais.

Responda, interaja, comente, seja acessível e disponível. Seja também de carne e osso e não apenas uma figura digital. Compartilhe suas histórias e experiências pessoais com sua audiência para gerar conexões.

4. Faça com Identidade

Identidade visual não é balela. Ela faz parte de uma técnica de persuasão chamada Consistência.

Se seu site é diferente do seu blog que é diferente da sua fan page que é diferente do seu perfil no Twitter, você tem problemas. Se as capas dos seus livros são como um pagode de mentecaptos, cada uma de um jeito, sem essência ou direção, você tem muitos problemas.

Em tempo: identidade não é só design. É conceito, forma, conteúdo. Seja consistente em toda a sua comunicação, nas suas plataformas digitais e analógicas e, principalmente, nas capas de seus livros.

5. Faça com Foco

Imagine que você tenha que girar uma vareta para fazer fogo. Com o perdão do trocadilho, conseguir ou não é uma questão de foco. Escolha um nicho e trabalhe dia e noite para ampliar sua visibilidade nele e tornar-se referência. Torne-se AUTORIDADE, com todas as letras maiúsculas, em seu segmento.

Nicholas Sparks é uma AUTORIDADE em Romances. Jack Canfield é uma AUTORIDADE em desenvolvimento pessoal. A mágica acontece quando você junta sua paixão com sua experiência e um mercado de massa.

6. Faça com Voz Própria

Você pode escolher ser a voz ou o eco. Quando alguém lança um livro de sucesso, logo surgem diversas vozezinhas que tentam se aproveitar da mesma onda. Vampiros e Leis da Atração ecoam até hoje. Para surfar a crista de uma onda, você precisa ser um visionário com voz própria.

Tenha argumentos que não sejam meras repetições do que dizem por aí. Desenvolva uma opinião forte dentro do seu tópico e deixe claro para o mundo o que você pensa.

7. Seja Diferente

A maior parte da multidão está focada em fazer e ter. Concentre-se em Ser antes de fazer qualquer coisa e você terá o que deseja. Busque sua essência, seu estilo, seu tom e diferencie-se do que seus concorrentes estão fazendo.

Analise seus competidores para descobrir onde acertam e onde erram e busque as brechas inexploradas no mercado. Leia o que os outros autores do seu segmento escrevem e faça muito diferente. Se todo mundo está indo para o Norte, vá para o Sul. Seja o original e não uma cópia.

Para terminar, uma oitava dica para ser combinada com todas as outras acima: Persista! As pessoas fracassam por que desistem. Lembre-se da frase de Richard Bach: "Um escritor profissional é um amador que nunca desistiu".

Gostaria de reforçar novamente que vivemos em uma época em que é possível ignorar os sistemas de seleção das editoras. A Amazon no Brasil dá uma grande oportunidade para o autor independente, oportunidade esta que foi muito bem aproveitada há alguns anos atrás por alguns autores que hoje vivem exclusivamente de livros.

Lance bons conteúdos no mercado, transmita seus conhecimentos, conte belas histórias e mude a vida de seus leitores para melhor.

Sucesso!

Bônus

Como Produzir e Publicar Seu E-book na Amazon

Faça download do e-book gratuito com o
"Guia Visual de Formatação e Publicação na Amazon"

bit.ly/guia-amazon

Como Promover seu Livro

Faça download do e-book gratuito
"50 Maneiras de Vender Mais Livros"

bit.ly/50-dicas-ebook-marketing

Casa do Escritor

A **"Casa do Escritor"** é o programa que vai colocar seu livro no mundo com a qualidade de uma editora tradicional e com todas as vantagens da publicação independente. O que você ganha ao participar?

1. Consultoria Por Skype: Durante todo o processo, você terá acesso a uma consultoria diretamente com o Eldes Saullo, um dos autores mais vendidos da Amazon Brasil, para acompanhar os serviços, esclarecer dúvidas e receber dicas exclusivas. Serão quatro sessões de Skype de até uma hora cada nas etapas de início do projeto, produção, lançamento e avaliação.

2. Produção e Capa Profissionais: Diagramação, formatação e capa do e-book e do livro impresso fazem parte da experiência do leitor. E contribuem para a venda de mais livros. A "Casa do Escritor" vai transformar seu livro em uma obra de arte também por fora.

3. Plano de Lançamento: Vamos também montar uma estratégia de lançamento para seu livro com todos os passos, e-mails, posts de redes sociais (inclusive com imagens especialmente criadas) para que ele obtenha o maior impacto possível na primeira etapa, ao ser publicado na Amazon, e na segunda etapa, ao se estender para os canais adicionais.

4. Distribuição: Seu livro será distribuído nos formatos digital e impresso na Amazon (o que significa mais de 100 países), com exclusividade de três meses para garantir os benefícios promocionais da maior livraria do mundo. Depois disto, se você quiser, será incluído em outros canais como iBooks da Apple (que opera em 51 países) e Kobo (o que significa distribuição na Livraria Cultura e na Barnes & Noble). Cada canal tem sua própria política e faixa de comissionamento, mas como não haverá uma editora intermediando, somente você receberá os royalties das vendas que variam de 30% a 70%. Nós vamos dar suporte desde o cadastro, configuração de contas bancárias para receber os royalties em cada canal, para obtenção do ISBN gratuito e vamos publicar o livro para você na sua conta.

5. Cursos Online: Você também terá acesso irrestrito aos dois cursos campeões de vendas do Eldes Saullo. O "Lance um Livro", voltado para escritores de não ficção, e o "Segredos do Best-Seller", voltado para escritores de ficção. Os dois somam mais de 40 horas de conteúdo que revela segredos e atalhos em todas as etapas da autopublicação de um livro.

6. Impressão de Livros: Se você for fazer uma noite de autógrafos, eu também vou indicar gráficas com preços infimamente inferiores aos cobrados pelas editoras de autopublicação, para que você contrate diretamente os serviços e possa lucrar ainda mais com as vendas. Além disto, você também terá direito às artes finais do miolo e da capa em alta resolução para não depender de nenhum outro profissional. Eu já te adianto que os custos de impressão direta chegam a ser três vezes menores do que os cobrados pelas editoras de autopublicação.

7. Material de Divulgação: Você também receberá três artes de posts para divulgação na Internet e nas Redes Sociais, uma cover para Facebook e a arte-final de um marcador de livros.

8. Selo "Casa do Escritor": eu sei que os leitores não dão a mínima se um livro tem ou não uma editora, o que interessa é a qualidade do conteúdo. Porém, nós autores, gostamos de dizer que fomos editados por uma editora. Por isto, seu livro trará o selo da Casa do Escritor. Além disto, será listado no site da Casa com uma página exclusiva e links para todos os canais de vendas que, como você já sabe, são todos seus.

Se você tem interesse em participar, envie um e-mail para eldes@lanceumlivro.com e informe:

- Título do seu livro
- Gênero
- Número de Palavras

Para maiores informações, acesse
www.casadoescritor.com.br

As vagas são limitadas.

Sobre o Autor

Sou escritor, professor e empresário, não necessariamente nesta ordem. Meus livros mostram "por que", "o que" e "como" fazer para gerar mais receitas através de livros, e-books, cursos, blogs e produtos de informação.

Escrevo para pessoas que buscam formas de ampliar sua visibilidade e alcançar seu público ideal usando a Internet e as redes sociais. Escritores independentes, blogueiros, infoprodutores, empreendedores digitais, afiliados e marqueteiros encontrarão em meus livros informação de alta qualidade por um preço justo.

Em meu tempo livre, gosto de filosofar, jogar futebol, trocar ideias com meus filhos, ler e... Escrever. Sim, também escrevo nas horas vagas!

Se você deseja ser bem sucedido na escrita, implemente o hábito da escrita em sua vida. Escreva todos os dias!

Livros Publicados

Confira a lista completa de livros publicados
por Eldes Saullo em: **www.eldessaullo.com/livros**

Eis alguns deles:

- Escrevendo Romances – Como Escrever Histórias de Amor Que Apaixonam

- Escrevendo Terror – Como Escrever Histórias Sobrenaturais de Arrepiar

- E-book Marketing - 50 Maneiras de Promover Seu Livro e Vender Mais

- E-book em 48 Horas – Como Escrever um Best-Seller de Negócios ou Autoajuda

- Seu Livro no Kindle - Como Escrever e Publicar Seu Livro na Amazon e no Kindle

- Capas Que Vendem - Os Segredos das Capas de Livros Que Atraem

- Planejando Livros de Sucesso - O Que Especialistas Precisam Saber Antes de Escrever um Livro

- 150 Nichos Quentes – Como Identificar Segmentos de Mercado Poderosos e Lucrar com Eles

- Um Passeio pelo Bosque da Criação – A Gênese do Escritor nos Versos do Princípio

Cursos

Confira também os cursos online:

LANCE UM LIVRO
lanceumlivro.com

SEGREDOS DO BESTSELLER
segredosdobestseller.com

ESCREVER TRANSFORMA
bit.ly/escrevertransforma

Contatos

E-mail
eldes@lanceumlivro.com

Blog e Site
eldessaullo.com
casadoescritor.com.br

Redes Sociais
facebook.com/livrosquevendem
twitter.com/eldessaullo/
br.linkedin.com/in/eldessaullo

Avalie

Eu espero que você tenha gostado deste livro. Ficarei muito feliz se você postasse uma avaliação sobre ele na Amazon. Receber avaliações me emocionam e eu estou ansioso para ler o que você pensa. Se possível, mencione que capítulo você achou mais útil e por quê. Para isto, basta acessar a página do livro na Amazon e clicar no botão "Escreva Uma Avaliação".

Se você tem alguma crítica ou sugestão que possa melhorar este livro ou encontrou algum erro, por favor, me envie um e-mail para eldes@lanceumlivro.com.

Você também pode me seguir no Twitter onde meu nome de usuário é **@eldessaullo**. Envie-me um tuite com o que você achou deste livro e, provavelmente, eu te seguirei de volta.

Se você gostou deste livro, será sensacional se você puder indicá-lo para seus amigos. Talvez você conheça alguém que possa se beneficiar deste conteúdo.

Um forte abraço e sucesso no seu caminho!

Muito obrigado e até a próxima!

Amor e Gratidão